宁波博物馆
NINGBO MUSEUM

浙東文化论丛

二〇一五年第一辑

宁波博物馆 编

科学出版社 · 北京

图书在版编目（CIP）数据

浙东文化论丛. 2015年. 第1辑 / 宁波博物馆编. —北京：科学出版社，2015. 5

ISBN 978-7-03-044302-1

Ⅰ. ①浙…　Ⅱ. ①宁…　Ⅲ. ①文化史-浙江省-文集　Ⅳ. ①K295. 5-53

中国版本图书馆CIP数据核字（2015）第101845号

责任编辑：李　茜 / 责任校对：钟　洋

责任印制：肖　兴 / 封面设计：北京美光制版有限公司

科学出版社 出版

北京东黄城根北街16号

邮政编码:100717

http://www.sciencep.com

中国科学院印刷厂 印刷

科学出版社发行　各地新华书店经销

*

2015年 5 月第　一　版　开本：889×1194　1/16

2015年 5 月第一次印刷　印张：6 3/4

字数：195 000

定价：68.00元

（如有印装质量问题，我社负责调换）

《浙东文化论丛》

主　　管　宁波市文化广播电视新闻出版局

主　　办　宁波博物馆

目　录

博物馆研究

1 文物联展策划与文化效应放大／范光花

7 大数据思维下的博物馆宣传教育管理／林　磊

12 对我国一级博物馆定级评估工作的回顾与思考

——以宁波博物馆为例／卢　怡

18 浅谈博物馆的财务管理／罗　莺

22 论博物馆的智能化／任楠楠

26 浅析智能化安防系统在博物馆的建设与发展／於　照　沈　艳

31 博物馆在城市文化建设中的作用／范　昊

历史与考古研究

39 《史记·殷本纪》见证商代考古／段廉廉

44 吕祖谦及其史学思想／胡林迪

49 宋初两浙市舶司设置考辨／莫意达

文物研究

59 “羽人竞渡纹铜钺”与古代浙江越族海洋文化精神解读／徐爱军

63 吴晋堆塑罐龟趺碑刍议／许建青

文化志愿者研究

72 中国文物保护志愿者发展现状研究／江婷婷　胡思诗

宁波文化与保护研究

79 试论宁波传统宅第之“门”的建筑形制与蕴涵的文化特性／傅亦民

88 加强历史街区生态环境治理　力推城市健康发展研究

——以宁波外滩历史街区为例／黄定福

93 浅谈浙东运河（余姚段）的保护与文化传承／沈娟娟

Table of Contents

Research on Museum

1 Curation of Joint-exhibitions and Expansion of Cultural Impact / *Fan Guanghua*

7 Museum Marketing and Education under "Big Data" / *Lin Lei*

12 Revision and Rethinking of National First-Level Museum Evaluation / *Lu Yi*

18 Brief Discussion on Museum Financial Management / *Luo Ying*

22 Museum Intelligentize / *Ren Nannan*

26 Brief Discussion of Intelligent Security System in Museum Construction and Development / *Yu Zhao & Shen Yan*

31 Function of Museum in the Construction of City Culture / *Fan Hao*

History and Archaeology

39 *Shi Ji-Yin Ben Ji* Witnessed the Archaeology of Shang Dynasty / *Duan Lianlian*

44 Lü Zuqian and His Historical Thought / *Hu Lindi*

49 The Establishment of two *Shi Bo Si* in the Early Song Dynasty / *Mo Yida*

Research on Cultural Relics

59 Brass "Yue" Ornated by "Feather Headdressed Men Rowing" Motif, and Ancient Maritime Culture of Zhejiang Yue People / *Xu Aijun*

63 Discussion on Porcelain Jars and Tortoise Steles of Wu State Period and Jin Dynasty / *Xu Jianqing*

Research on Cultural Volunteers

72 Study on Culture Reservation Volunteers in China / *Jiang Tingting & Hu Sishi*

Research on Ningbo Culture and Reservation

79 Architectural Form of Ningbo Traditional House Gate and its Cultural Characteristics / *Fu Yimin*

88 Reinforce of Eco-environment Control in Historical Blocks to Promote Healthy Development of a City / *Huang Dingfu*

93 Reservation of Grand Canal and its Cultural Inheritance / *Shen Juanjuan*

文物联展策划与文化效应放大

范光花

《国家文物博物馆事业发展“十二五”规划》中明确表明“十二五”期间全国博物馆总数达到3500个，全国博物馆年均举办陈列展览达到10000个以上，每年在国（境）外举办120个中国文物展览，每年引进50个国（境）外文物展览，年接待观众达到五亿人次以上[1]。这表明，当今我国博物馆以及文物展览正处于数量迅猛增长时期，由此也面临从数量型向质量型、从馆舍天地走向大千世界的转型问题。

在21世纪经济全球化，政治、文化一体化的趋势下，博物馆要担当起更大、更新的文化传承使命，积极主动策划包容多元文化、产生综合文化效应的文物巡展，充分体现博物馆的核心文化价值。

一　启示：“海上丝绸之路”文物联展产生世界性文化效应

2014年4月24日，由国家文物局、北京市政府、福建省政府联合主办，福建省文化厅、北京市文物局共同承办的“直挂云帆济沧海——海上丝绸之路特展”在首都博物馆拉开帷幕（图一）。文化部副部长、国家文物局局长励小捷出席开幕式并致辞，中国外交部副部长李保东、福建省人民政府副省长徐钢也出席了此次活动。

励小捷在致辞中表示，2013年10月3日，习近平总书记在印度尼西亚国会发表重要演讲，提出了共同建设21世纪“海上丝绸之路”的战略构想，而历史上海上丝绸之路的开辟和发展，在各个时期都

图一　“直挂云帆济沧海——海上丝绸之路特展”

留下了丰富的物质文化证据，我们有责任也有义务将这些历史的遗响传达给今天，将前人的智慧传播给后人，因此举办这个展览具有深远的历史意义和现实意义。

本次展览共展出来自海南省、广东省、浙江省、广西壮族自治区、福建省、江西省、山东省、上海市、江苏省51家博物馆的馆藏文物240余组件，包括瓷器、丝绸、钱币、香料等。展览回顾了古代东南沿海先民开拓海上丝绸之路的艰辛历程，全面展现和还原了昔日海洋大国的风貌，进一步探索了古代东西方贸易和文化交流的深刻意义，有助于唤醒古老的海洋记忆，推动中华民族复兴的伟大进程。目前，外交部已经把海上丝绸之路文物展览作为2014年国家重要文化品牌推出去，送到联合国总部展出，还将用5年时间在东盟10国巡展。

我们不难看出，这个联合了9个相关省市精品文物的海上丝绸之路特展，在国内外巡展后，必将成为一大世界性文化盛事，产生政治、经济、文化一体化综合效应。这个展览，不仅仅是我国的一张文化品牌，也将为构建世界多元和谐海洋文化作出不可估量的贡献。这在现今海洋纷争不断的时代，是多么难能可贵。

笔者认为，海上丝绸之路文物联展堪称我国文化活动策划的经典个案，值得我们去研究和领悟。我们要思考的是：为什么文物联展策划，竟然会产生如此注目的文化效应呢？

其实，海上丝绸之路文物联展走到成功的今天，是经历了数年长时间的策划调整、契合时机、放大文化效应过程的。更有意思的是，这个展览策划、巡展经历了三次“接力棒”：

一次是宁波市十年磨一剑，在举办了十届“世界海上丝绸之路文化节”宣传、传承活动后，于2011年12月10日，由中国社会科学院和宁波市政府主办，浙江省文物局协办，中国社会科学院历史研究所、宁波市文广局、宁波博物馆承办的“海上丝绸之路与世界文明进程”国际论坛在宁波市举行，签署了《新机遇、新挑战、新跨越——中国“海上丝绸之路”七城市联合申报世界文化遗产行动纲领》，策划了“跨越海洋——‘海上丝绸之路’七城市文化遗产联展”。之后，福州市也以敏锐的文化嗅觉要求加入该联展，终于，“跨越海洋——中国‘海上丝绸之路’八城市文化遗产精品联展”首展于2012年5月18日在宁波博物馆开幕，并相继到蓬莱、扬州、福州、泉州、漳州、广州、北海等“海丝城市”巡回展出，为海上丝绸之路城市联合申报世界文化遗产造势。

与此同时，不谋而合的是福建博物院自2011年3月开始，也在策划筹办海上丝绸之路文物精品七省联展活动。三年来，联合海上丝绸之路沿海地区——江苏、浙江、福建、山东、广东、广西、海南七省区，特邀上海、江西两地，精心组织45家省、地、县级博物馆参加展览，从数10万件文物中，经过多轮精挑细选，荟萃精品300余件，于2013年10月18日福建博物院成立80周年的日子，隆重推出“丝路帆远——海上丝绸之路文物精品七省联展”大型专题展览。这个展览既接力、包容了“海上丝绸之路”八城市文化遗产精品联展的文物精品和主题策划，还将联展上升到省级联合层面，从阵容规模上有了新的跃升。“丝路帆远”展览被列入2013年福建省八项文化大事之一，文化部副部长、国家文物局局长励小捷专程视察展览。为贯彻落实习近平总书记近期访问中亚时提出的共建“丝绸之路经济带”的战略构想，中国人民对外友好协会2014年1月11～14日组织塔吉克斯坦、哈萨克斯坦、乌兹别克斯坦三国驻华大使、吉尔吉斯斯坦驻华使馆参赞等一行8人参访此展。由此，这个展览开始由申遗文化宣传契合到国家对外政治、经济、文化合作时机。

最近，恰逢习近平总书记强调与东盟国家发展友好海洋合作伙伴关系，共同建设21世纪“海上丝绸之路”，这也引起了国家文物局的高度重视，更换了一个新的展览主题“直挂云帆济沧海——海上丝绸之路特展”，将海上丝绸之路文物展览文化品牌进一步做大做强，巡展首都和国外。终于将海上丝绸之路文物联展上升为国家文化外交的大使，出巡联合国和东盟国家。

海上丝绸之路文物联展策划给我们的启示是：策划顺应时代热点和潮流的文物联展，可以放大一个城市、一个省、一个国家的文化宣传效应，产生不可估量的文化影响。

二　新时期博物馆要担当更大的文化责任

在当今博物馆免费开放背景下，博物馆要做的不是简单的开门迎客，观众期望的也不仅仅是免费，关键是要将“免费的午餐”变为“文化创新的盛宴”。同时，博物馆还要承担文化引进来、走出去的使命，让本地人们共享多元文化，让本地文化出去展示、交流。

1. 博物馆要从展示文明转变为推动文明

博物馆过去被单纯地看做是展示文明的“窗口”，但全新的博物馆理念却认为“博物馆要成为推动社会进步的积极力量”，时代要求博物馆必须承担更大的社会责任，要求博物馆从“文明展示窗口”转变为积极主动的“文明发动机”。博物馆要转换角色，化被动为主动，通过专业的研究把握文明发展的趋势，为社会的发展提供正确的方向；要通过陈列展示把先进的文明传播到社会的各个角落，促进整个社会的健康发展。博物馆应该为人类生活、人类社会合理和谐的秩序提供文化意义上的论证，提供人类文明进程和生存理想的历史演进，以及与之相应的价值构成和思维方式的证明。

2. 博物馆要树立城市文明的标杆

博物馆作为一个城市的公共文化设施，作为一个城市的文化地标，作为一个城市的精神家园，该如何去满足新时代的城市需要，为所在城市的经济发展、社会和谐、文明进步服务，从而在有为中有位，突显自身的存在价值和特色呢?

博物馆作为公民终身的第二课堂，必须树立起一个城市文明的标杆，通过展示鲜明的地方文化特色，塑造城市精神，并通过不同地区间文化的交流与影响，展现文化的包容性、开放性、多元性。博物馆应宣传引导人们在行为意识、思想观念上发生潜移默化的改变与升华，在提高市民综合素质和公德水平的基础上，最终达到塑造并代表城市文化形象、影响城市的发展方向、体现最新人文科学理念、引导社会价值取向的目的。

3. 博物馆要担当城市对外交流的文化大使

一个城市的文化特色，影响着一个城市的整体风貌、居民生活的精神状态和理想追求。博物馆从一定程度上来说是一个城市的文化象征，它以文物见证一座城市的辉煌，成为一个城市最好的文化名片。它是不可替代的城市对外交流的文化大使，博物馆要通过展览交流向外传递这个城市所独具的历史渊源、文化内涵、地方特色以及民俗风情，让全国、全世界了解这个城市、亲近这个城市，乃至向往这个城市。

三 文物联展策划是放大文化效应的最好选择

中国博物馆从数量型转向质量型进程中，既有竞争也有联合。竞争是压力和动力，如果你不想成为平庸无为的博物馆，在博物馆之林中淹没，你就必须策划、创新有影响的展览和文化活动；联合是共享和共赢，如果你不想坐井观天、自娱自乐，以低水平文化产品敷衍观众，遭人诟病，你就必须整合文物资源，主动担当文物联合展览的发起人和“盟主”，由“博物”走向“博能”。总之，不管是竞争还是联合，文物联展策划都是放大文化效应、提升博物馆质量水平的最好选择。

心有多大，舞台就有多大。一个博物馆的真正价值和核心竞争力，不在于它拥有多少重量级藏品，而在于它能联合并调动一切文化资源，不求所有，但求使用，使展览“常展常新”，不断推出内容丰富、形式新颖的展览项目，不断策划有创意、有影响的文化活动。

文物联展策划是一个系统工程，当一个展览开幕了，还只是“策展人团队”的先头部队完成了展览的一半任务，另外一半任务要靠社会教育、宣传推广和产品配套团队去完成。也就是说，在文物联展推出的同时，还要通过举办学术报告会、人物专访、展览主题讲座、文物鉴赏沙龙，出版图录、文集，以及开发艺术品、纪念品等，才能实现展览文化传播效应的最大化。

文物联展策划主要有三种联合形式，与之相应的有三种文化效应：

1. 互通藏品有无，互派人员交流

最初级的合作形式是互通藏品有无、互派人员交流的联盟式展览合作。比如，宁波博物馆于2008年12月发起成立了“宁波国际友好城市博物馆联盟”，携手英国诺丁汉城堡博物馆、波兰比得哥什地方博物馆等9家宁波国际友好城市博物馆，开展了一系列的交流合作，引进了“印象诺丁汉大型摄影展”“波兰油画展”，输出了“宁波博物馆藏邵克萍版画展”，促进了城市国际文化交流，得到政府的表扬和观众的好评。

2. 创意文化事件，产生深远影响

文物联展策划的更高阶段，是异地博物馆之间，借助人缘、物缘、地缘等关系，联合策划有创意的文化事件，并举办展览宣传，产生深远的政治、文化影响。这种文化创意式的文物联展策划，一般是由博物馆根据形势需要提出创意，由政府指导、支持完成。近年来，这种文化事件创意联展开始成为热点，令人过目不忘。例如：元代画家黄公望的旷世杰作《富春山居图》，在三百多年前被焚为两段，《剩山图》收藏在浙江省博物馆，《无用师卷》收藏在台北故宫博物院。2011年6月2日至9月5日，两岸联合策划在台北故宫博物院举办了“山水合璧：黄公望与富春山居图特展”（图二），表

图二 “山水合璧：黄公望与富春山居图特展”

达了两岸统一的美好寄托，产生了重大深远的政治、文化影响。应中国国民党中央委员会邀请，时任中共浙江省委书记的赵洪祝率团赴台，进行了“富春合璧，两岸同缘”交流活动，围绕文化、经贸、科技、教育、旅游等内容开展一系列参访交流。台湾当局领导人马英九为此展发贺电：“至盼藉由此项两岸文化交流盛事，恢弘传统绘事深威，拓展中华美学意境。开启水墨画视野，落实多元文化精神，共同为营造高度人文素有之优质社会奉献心力。”国务院总理温家宝也在2012年3月14日十一届全国人大五次会议记者会上说：“我常想，难道几千年的文化恩泽就不能消弭几十年的政治恩怨？我真诚希望两岸进一步加强文化交流和人员往来。”“这幅分离很久的《富春山居图》终于在台北合璧展出，这反映出中华文化具有强大的向心力和震撼力。我虽不能至，但心向往之。”

3. 巡回多地联展，加倍放大效益

文物联展策划的最高境界，就是策划重量级、高档次的文物大型联展并多地巡展，使展览成果让多地观众共享，并使展览文化传播持久化。打造这种能引起轰动的巡展，首先要由牵头博物馆联合相关博物馆做好学术研究，确定好主题；其次要挑选重量级文物“明星”，尤其要挑选几件没有公开露面或很少露过面的神秘“黑马”文物，作为宣传“卖点”；再次要大力宣传推广，预定各地巡展档期，规划节约成本的巡展运输线路，使巡展成本分摊至最低、文化效应最大化。

联展式的文物巡展，是在独家文物巡展基础上发展起来的策展模式。独家文物巡展是建立在独家拥有奇货可居的文物条件上的，比如秦始皇兵马俑全国巡回展、中国国家博物馆的“国宝展”巡展、四川省三星堆出土文物国际巡展等，独家文物巡展是输出展览的博物馆独家提供文物。而大型联展式巡展则是建立在区域共性文化遗产基础或线性文化遗产基础上开展的，其形式特点是多家博物馆联合出文物精品组成一个新展览，并流动巡回多家博物馆展览，往往规模大、时间长、影响广。比如，广东、浙江、江苏等省在本省内，依靠省文物局的行政协调，近年来先后开展了全省博物馆之间联合巡展活动，是一种区域性文化遗产联展巡展；再如，2010年8月16日推出的大型巡展“丝绸之路——大西北遗珍”，汇集了西北五省区22家文博单位的245件（组）珍贵文物，其中一级文物多达144件（组），在国内外知名博物馆流动巡展，这个展览则是一个兼具西北地域文化和世界线性文化特色的大型联展巡展（图三）。

图三 “丝绸之路——大西北遗珍”展

笔者认为，文物联展加上巡展活动，是展览策划的最高境界，也是文化效应最大化的体现。联展而不巡展，是一种好展览资源的一次性消费浪费。

四 结语：与时俱进，把握两个理念

文物是人类文化活动遗存下来的物质，这些人类瑰宝，因各种原因，分散收藏在各个文物收藏机构或私人手中，策划文物联展，放大文化效应，是每个博物馆义不容辞的责任。而要担当好这份责任，必须把握两个理念：

一是把握“大资源合作”理念。任何地方的文物资源都是有限的，我们要充分利用外地文物资源，不求所有，但求所用；任何地方的文物遗产都不是孤立存在、与世隔绝的，我们要跳出本地区，将本地区的遗产保护放到国内大型文化遗产、国际线性文化遗产视野中考量；一个地区的遗产保护和文化传承工作，完全可以与社会各个领域、与国内外各地区多方面合作共赢的。文化传播工作要善于“跨界”和“走出去”，以求得最大的影响和效益。

二是把握“大文化传承”理念。文物保护的目的是为了文化传承，文化传承是促进文物保护的最佳手段。“大文化传承”理念指的是一种文化大开放、大展示、大传播、大交流理念，面对21世纪政治多极化、经济全球化、文化多元化的时代背景，在城市文化建设中，尽管城市文化遗产带有很强的地域性，但它却从来不是静止的，也不可能是单一的、纯粹的，所有城市的文化都是吸收了其他文化的长处而逐步融合发展的。所以，发展城市地域特色文化并不意味着排斥其他文化，博物馆要充分发挥文化遗产的融合功能和催化作用，促进多元文化和谐共存，并努力使本地文化走向全国、走向世界。

注释

［1］乔欣：《“十二五”中国博物馆从数量增长到质量提升》，《中国文化报》2011年1月12日。

（作者单位：鄞州区文物管理委员会办公室）

大数据思维下的博物馆宣传教育管理

林　磊

随着互联网技术的发展与智能设备设施的普及，海量的数据正不断被收集、整合和使用，人们的行为模式不断被数字化、公式化与模型化，这也促进了大数据思维的产生。以大数据分析的方式来剖析社会的变迁和新时代事物发展的规律，是大数据思维的重要特征之一。博物馆作为公共文化教育机构，承担着为社会公众普及知识、提供教育和艺术欣赏的社会职能，不可避免地会受到数据应用技术革新的影响。

对于博物馆现状而言，由于自身数据积累不够，使得博物馆在中国公众中的影响力仍然十分有限。如何从各种类型的数据当中，快速获得有价值的信息并加以分析使用，从而为公众提供更完善的服务，是博物馆面临的新的发展机遇。如果能在大数据时代顺势而为，将极大地提升博物馆宣教的水平，拓展对社会公众的影响力和辐射力。

一　大数据及其特点

所谓的“大数据（Big Data）”，全球著名管理咨询公司麦肯锡将之定义为：无法在一定时间内用传统数据库软件工具对其内容进行抓取、管理和处理的数据集合。总体而言，大数据具有4个特点，即4个“V”：①数据体量（Volumes）巨大，大型数据集，从TB级别，跃升到PB级别。②数据类别（Variety）繁多，数据来自多种数据源，数据种类和格式冲破了以前所限定的结构化数据范畴，囊括了半结构化和非结构化数据。③价值

（Value）密度低，以视频为例，连续不间断监控过程中，可能有用的数据仅仅一两秒钟。④处理速度（Velocity）快，包含大量在线或实时数据分析处理的需求，1秒定律。

大数据是继云计算、物联网之后IT产业又一次颠覆性的技术革命，对国家治理模式、企业决策、组织和业务流程，以及个人生活方式等都产生了巨大的影响。大数据革命性地瓦解了传统信息体系架构，将相对静态的数据仓库转化为具有流动、连接以及信息共享的数据池。而大数据技术则使人们可以利用之前不能有效利用的多种数据类型，抓住被忽略的机遇，使各类组织更加智能和高效。

2013年3月29日，美国政府宣布“大数据研究和发展倡议”，提出通过增强收集海量数据、分析萃取信息的能力，加快美国在科学与工程领域发明的步伐，增强国家安全，转变现有的教学和学习方式，同时希望与IT行业和相关机构携手迎接大数据的机遇和挑战。

二　大数据思维与博物馆运营管理

博物馆，特别是历史类博物馆，其内容是过去的，讲述的是人类文明发展的历史，但其运营和管理必须是现代的和当下的。作为社会文化服务机构，博物馆服务的是当下的社会和现实中的每一个社会成员。因此，博物馆必须，也不得不根据社会发展的现状，运用符合当今社会发展规律的管理思维和管理方式来管理博物馆、运营博物馆，而大数据则是博物馆应当且必须采用的思维（图一）。

图一　问卷调查是收集观众数据的重要方式

以博物馆宣传教育为例。对现在博物馆宣教而言，宣传推广的影响、观众数据的收集、参观体验的反馈、活动效果的评价、志愿者服务的管理等海量数据在日常工作中不断产生，且应当被用来统计和分析，从而帮助博物馆进行决策。但这种数据处理的方式在现有的采集模式下会遇到许多难以解决的问题：①数据的收集太过于被动，更多的时候只是对于数据的记录，而缺少主动收集数据的方式。②数据采样方式为随机采样，力图以最少的数据获得更多的信息，这无疑导致了采样结果必然有所偏差。③宣教各个数据内容只有纵向相关而缺乏彼此之间横向的联系，数据的扩展性不足，故而数据的价值也就不能很好地发挥。

妥善地运用大数据思维，就能解决这些问题。大数据“要全体不要抽样”，这要求博物馆分析与某件事物相关的所有数据，而不是依靠分析少量的数据样本，从而解决数据收集随机采样的弊端。大数据“要效率不要绝对精确”，这要求博物馆要乐于接受不同数据的纷繁复杂，而不再仅仅是为了追求数据的精确性，从而解决数据采集被动的不足。大数据“要相关不要因果”，这要求博物馆转变思维，不再探求难以捉摸的因果关系，转而关注事物的相关关系，从而解决数据价值的问题。

三　大数据思维在博物馆宣教中的应用

随着免费开放政策的实施及其逐步深入，博物馆如何适应当下社会的现实需要，在充分获取、了解公众需求的基础上为社会提供“需要”的社会服务从而实现博物馆社会效益的最大化已经成为博物馆面临的重要课题。其中，作为沟通博物馆和社会的主要渠道，宣传和社会教育是博物馆解决这一问题的主要途径。一方面，博物馆通过宣教了解社会需求并为博物馆展览等各项服务提供指导，另一方面，它将博物馆的展览、活动等相关信息准确地传递到目标观众。如何让观众了解博物馆，使陈列展览让观众理解、让研究成果让社会知晓，这些都需要宣传教育工作的支持，这就好比一个扩音器，宣传教育工作要把博物馆的研究成果、陈列内容等各种信息扩大影响，拉近市民与博物馆之间的距离，让更多的人了解，从而走进博物馆。因此，大数据思维应当最先在博物馆宣传教育中得到应用。博物馆的宣教应当充分利用大数据获取海量观众数据，并通过精确分析了解观众、读懂观众，从而进一步打破原有被动地面对观众、坐等观众上门的供给式运作方式，主动出击，以公众需求为导向，为公众提供个性化的服务。

1. 以观众数据的全面收集，来改善博物馆的服务质量，实现服务对象的数据量化

观众是博物馆最直接的服务对象，其满意度也是博物馆重要的评价指标之一。全面收集参观观众的数据，除了我们日常所收集的博物馆的年参观人数、每个展览或重点展品的参观量、举办活动的参与量、不同季节不同时间段的参观量变化等数据外，还包括参观观众的行为数据。从进入博物馆开始的参观之旅，就是不断产生着行为数据的过程。对一个展览的参观驻留时间，可以反映展览的设计、阐述水平；对于馆内举办活动的参与次数和评价，可以反映该活动各个环节所存在的利弊；对于自助导览的展品扫描次数，可以反映观众的参观兴趣点等。而这些数据都是可以被博物馆用来改善自身的服务质量。以宁波博物馆为例，2013年，宁波博物馆启动了《“展览由您定”观众特别展览需求调查》，以问卷调查的形式，在6个月内收集了近10万份有效样本。根据调查，在展览内容的主题选取上，观众显然对古代历史和民俗特色类的展览兴趣浓厚，分别占了57.84%和54.48%，可谓“遥遥领先”。接下来，依次是现当代工艺（26.92%）、科普类（25.53%）、现当代历史（22.3%）和名人名物（21.78%）类的展览。至于展览类型，选择传统器物型展览的观众占了61.19%，选择互动类展览的观众只占了33.3%。那么，究竟何种类型的器物类展览更受观众青睐呢？调查显示，选择玉器、书画和陶瓷类展览的观众比例分别达到49.9%、47.12%和39.96%。事实上，在这一选项的选择上，多选、复选的概率非常高，由此可见，观众对多元化、差异化展览内容的需求比较高。根据这份问卷数据，宁波博物馆在2014年举办了“发现契丹——辽代文物精华展”“福满甬城——故宫博物院藏福文化珍宝展”等古代历史类的器物型展览，均取得了良好的社会反响和参观口碑（图二、图三）。

2. 以新媒体技术的快速应用，来提供针对性的个性服务，实现服务提供者的数据量化

新媒体是以“所有人对所有人的传播”和“互动传播”两大要素为核心、具备快速传播和信息量庞杂特点的媒体。新媒体技术如微博、微信、网站、智能导览、APP等如今也已经在各个博物馆广泛使用。新媒体技术的应用将博物馆内的所提供的服务资源数据化，让更多的观众可以有选择、有

图二　通过二维码可以实现和观众的互动

图三　展厅扫码可以让观众自助导览

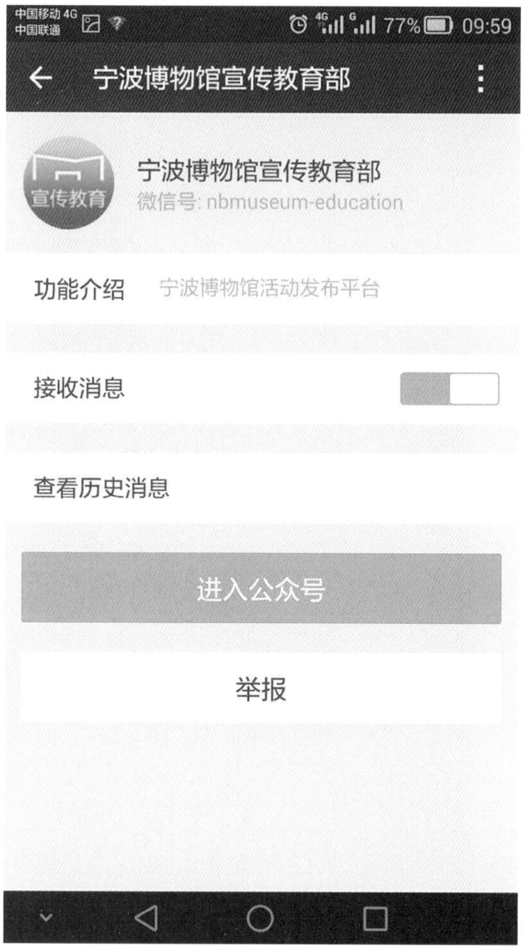

图四　微信号是重要的新媒体应用

层次、有重点的根据自己的兴趣和爱好来实施参观（图四）。

对博物馆而言，推出每一个展览或活动，就应当利用新媒体传播速度快、信息量大、传播成本低、互动传播等特点，在了解个性化需求的基础上，针对不同人群的不同需求提供个性化的宣教内容，以实现个性化、精确化的定向宣教。在与观众互动交流的过程中，博物馆实际上也是在向观众提供个性化的服务。例如观众提到特定展览中的一个展品，博物馆就可以根据该观众的知识水平、教育程度等数据，以个体数据为基础将非常专业化的内容转化为该观众能够理解和接受的内容，这就是个性化的服务（图五）。

3. 以统一数据平台的开发建立，来扩展和挖掘博物馆的数据潜力，实现服务平台的数据量化

主动适应大数据时代观众个性化的需求，是新时代对于博物馆提出的更高的要求。通过博物馆的网站、官方微博微信、智能导览、APP等各种系统会产生大量与观众相关的数据，这些数据是实现博物馆为观众提供个性化服务的数据基础。但是数据

图五 通过微信可以提供博物馆的个性化服务

绝不是单向的，数据之间必须是有关联的，这就对数据平台的建设提出了要求。大数据思维的意义并不在于无止尽的手机数据、掌握庞大的数据信息，而在于对这些有意义的数据进行扩展和挖掘，让数据自己发声，从各种类型的数据中挖掘观众的行为习惯和参观喜好，预测观众未来行为的需求，进而对现有的服务进行有针对性的调整和优化，才正是大数据思维对博物馆服务的价值精髓。同时，服务数据平台的建立，可以将各个博物馆通过数据联系在一起，以数据为基础，来策划、组织和实施跨馆、跨地区的宣教活动和服务项目。笔者所在的中国博物馆协会志愿者工作委员会正在进行全国博物馆志愿者基础数据库的建立，通过数据库，可以实现全国博物馆志愿者的统一管理，加强博物馆志愿者之间的交流和互动，打破博物馆志愿者“以馆为本”的限制，实现更高层面的互动。

随着博物馆社会化的进一步深入和公众化的进一步拓展，随着博物馆事业的不断发展，大数据必将会推动博物馆领域的创新和发展。大数据思维为博物馆的宣教工作人员提供了新的契机和新的思考。相信博物馆也将顺应大数据时代，更好地为社会公众所服务。

（作者单位：宁波博物馆）

对我国一级博物馆定级评估工作的回顾与思考

——以宁波博物馆为例

卢　怡

宁波博物馆是宁波市文化广电新闻出版局下属的全额拨款公益性文化事业单位，是以展示宁波人文历史、艺术类为主，具有地域特色的综合性博物馆，于2008年12月5日正式对外开放。开馆至今，全馆上下积极创新，锐意进取，努力践行“文化惠民”的理念，坚持“大资源观”和“市民博物馆”的办馆思路，短短几年时间，已在业界取得了有目共睹的成绩及较高的社会效益和影响力。自筹建伊始，馆领导已高度重视，把创建国家一级博物馆列为馆内“五创”工作的重要内容之一，以创建一级博物馆的标准为中心开展各项管理和业务工作。2012年6月，国家文物局公布了《关于开展第二批国家一级博物馆定级评估工作的通知》，7月初，我馆立即成立了由馆长任组长，分管副馆长任副组长，各部门负责人为成员的“创建国家一级博物馆”工作领导小组，并组织馆领导和相关人员前往浙江省博物馆等已经创建成功的兄弟单位学习取经，完成申报材料初稿，后经局领导和省文物局专家指导修改完善，于8月正式上报。9月中旬，经全国博物馆评估委员会评估和打分，宁波博物馆得分超过800分，取得参评资格。9月21日，接受国家考评组实地复核并顺利通过。经全国公示，国家文物局于12月正式发文，公布宁波博物馆为全国第二批国家一级博物馆。

一　对我国一级博物馆定级评估工作的回顾

1. 我国一级博物馆定级评估工作的起步

我国现行的博物馆定级评估，主要以定级为导向，相当于国外博物馆的认证评估，博物馆的定级评估对博物馆综合管理与基础设施、藏品管理与科学研究、陈列展览与社会服务等是否达标进行评定，并以此划分一、二、三级博物馆。我国的博物馆评估工作虽然起步相对较晚，但是进展较快，近年来，国家文物局积极借鉴国际同行（美、英、日等发达国家）和其他行业等级评估、认定工作的做法，在广泛调研的基础上，完善我国博物馆行业标准，尝试开展评估定级工作：2008年2月，国家文物局印发了《关于开展首批一级博物馆评估定级工作的通知》，全面启动了全国一级博物馆的评估定级工作。根据《全国博物馆评估办法（试行）》的规定，各地博物馆按照《博物馆评估暂行标准》进行了自评申报，经省级文物行政部门评估推荐、专家评议审定，国家文物局研究决定故宫博物院等83家为首批国家一级博物馆；2012年国家文物局进行了第二批国家一级博物馆的定级评估工作。

2. 第二批一级博物馆定级评估工作情况

2012年6月，国家文物局印发《关于开展第二批国家一级博物馆定级评估工作的通知》，决定于2012年7月至11月开展第二批国家一级博物馆定级评估。在规定的申报期内，共有26个省（自治区、直辖市）的104家博物馆在国家文物局网站注册并提交了申报材料。经各省级文物行政部门组织初审，有72家博物馆被省级博物馆评估委员会推荐参评。8月下旬，中国博物馆协会依据博物馆评估规则，组织完成博物馆参评资格审查，除审核申报材料的完整性外，依据2011年博物馆年检、文物业统计年报资料，对藏品、观众数量以及开放运行时间等相关强制性数据的真实性进行重点审核。经审核，35家博物馆具备参评资格，被提交全国博物馆评估委员会进行评估；9月中旬，全国博物馆评估委员会组织15位专家在线完成了35家博物馆的通信评估和打分，17个馆得分超过800分（满分1000分）。9月下旬，全国博物馆评估委员会组织有关专家完成博物馆现场复核工作，在核实材料、实地考察、咨询评议的基础上，提出现场评估报告。10月，全国博物馆评估委员会结合专家通信评估和现场复核结果，进行综合评议，并以打分方式产生一级博物馆的评定意见。2012年11月，国家文物局公布了第二批国家一级博物馆名单，中国国家博物馆、宁波博物馆等17家博物馆在列。第二批国家一级博物馆的定级评估工作，新增了17家一级博物馆，自2008年至今，全国已评定一级博物馆100家。

二　宁波博物馆在参评国家一级博物馆中存在的瓶颈及解决途径

2012年6月，国家文物局公布了《关于开展第二批国家一级博物馆定级评估工作的通知》，并随即在全国范围内组织开展了新一轮的国家一级博物馆评估定级工作。宁波博物馆提交了评估申请，浙江省文物局对我馆申报的材料进行了审核，并提出了推荐意见，进行了推荐评分。9月中旬，经全国博物馆评估委员会评估和打分，宁波博物馆得分超过800分，跻身第二批17家国家一级博物馆行列。

然而，在此次国家一级博物馆的评估定级工作中，我们发现我馆离国家一级博物馆的标准还存在差距，这些差距严重制约了我馆的可持续发展和科学发展。同时，我们也意识到我馆所存在的人才和学术两大瓶颈也正是全国大部分博物馆所存在的普遍问题，适时地剖析存在的问题，并找出解决问题的途径，有助于我们通过国家一级博物馆的评估针对性地提高自身的管理和业务水平。

1. 存在的主要问题与瓶颈

（1）人才瓶颈

①专业技术岗位人才缺乏。宁波博物馆专业技术人员虽达到在编实有人数的75%，但具有中、高级职称的人员所占比例较少，就博物馆对藏品保管、文物修复、陈列设计、科学研究、社会教育工作对专技人员的需求来看是远远不够的。

②科研岗位人才缺乏。我馆典藏研究部的工作人员主要从事文物账目管理和文物保护工作，且学历普遍在本科水平，未达到“科技人员学历结构”评分项目中“全部学士以上，其中硕士比例不低于50%，博士比例不低于15%”的满分项。

（2）学术研究瓶颈

众所周知，科学研究是博物馆一切工作的基础，较好的科研工作能有效地支撑展览与教育活动的开展。而在国家一级博物馆的定级评估中，宁波博物馆在“藏品管理与科学研究”大项中的推荐单位计分距离大项总分存在较大的差距，其中“学术研究与科技”分项失分较多，并且在“参加国际学术会议并发表论文”“馆内人员在国际知名期刊上发表论文”“派出访问学者”“期刊”“科研课题”“科研项目获得国家专利”“科研项目获奖”“新技术引进”等八个小项中分值较低，这也暴露出我馆在学术研究上的弱势。

2. 原因分析

（1）形成人才瓶颈的原因

①由于博物馆的人才引进受到行政级别、编制额度和所在城市经济状况的影响十分明显，尤其受限于当地的事业单位人事政策，用人权力并不由本馆自主掌握，突发性和客观性较强，难以自主控制。

②博物馆工作人员意识、观念甚至态度上的原因。由于博物馆属事业单位，致使个别员工认为博物馆是财政拨款的国家单位，因而缺乏竞争和忧患意识，不思进取。

③受到经费和体制方面的制约，博物馆人员培训的机会也非常有限，覆盖面和类型都很狭窄，缺乏高水准的博物馆专业人员业务培训，未形成系统的可持续的培训体系，不利于人才层次、梯队的形成和博物馆人才队伍的可持续发展。

（2）形成学术研究工作较弱的原因

①科研工作的淡化。在实际工作中将主要精力过多地集中在展览展示与传播教育方面，忽视了最基础的科研工作，导致馆内高职称人员参加各类研讨会、撰写学术论文、申请科研项目的积极性不高，将时间和精力转移到更易出成绩的各类评比之上。

②人才机制的制约。由于编制、待遇等制约，导致我馆引进高层次研究人才存在较大的困难，对具有专业背景的高学历人才无法提供较合适的福利待遇，解决不了引进人才的安家问题等。同时，对于在职的研究人员，缺乏具体的科研规划，人才使用效率较低，仅用于库房管理等常规工作，而在职的有能力的非研究人员又无法参与到研究工作中等。这些都是导致人才流失、高层次人才缺乏、人才使用不平衡、科研能力较弱、科研成果匮乏的原因。

3. 解决的途径与对策

①充分利用现有编制，引进优秀的高层次、紧缺人才为我馆所用，增加宁波博物馆高学历、高职称人员数量，注重形成有层次、方向明确的人才梯队，确保博物馆事业的可持续发展。

②博物馆的各项业务活动，都应在科学研究的

基础上进行。因此，宁波博物馆在引进高层次科研人才的同时，更应借鉴上海博物馆的做法，鼓励全馆有能力、有职称的人员走进库房尝试文物研究，发表专业论文，形成科研的良好氛围，典藏研究部门应尽可能为他们提供研究的便利。

③引导编内外职工参加职称评审，定期组织有针对性的职称培训及博物馆业务知识培训，最大限度地提高职称晋升通过率，以期达到业务人员梯次、结构的相对平衡。

④建议博物馆管理部门和行业组织为博物馆提供高质量、体系化的人才培训，建设博物馆从业人员培训基地，对一级博物馆从业人员实行统一的培训。通过研修培训、学术交流、项目资助等方式，以中青年为重点，培养我馆业务骨干、学术带头人。

⑤争取科研经费，与相关科研组织建立合作关系，使宁波博物馆具备承担较高级别科研项目的能力。引导馆内人员（尤其具初、中、高级职称人员）撰写专业论文、出版学术专著，尽可能为他们搭建发表的平台并给予相应的资金支持，建立良好的激励机制。

三　我国一级博物馆定级评估工作存在的问题

通过我馆参评国家一级博物馆的实践，也使我们对整个评估工作进行了思考，我们认为中国博物馆评估工作尽管起点较高，进展较快，并已积累了不少宝贵的资料和经验，但就现行体系的评估理念、评估标准、评估格局等方面而言，较之国际先进水平仍存在一定差距，在定级评估工作的实践中仍存在不少需要改进之处：

（1）评估导向不够清晰

在国家一级博物馆的评估中，评估体系尽管非常全面和复杂，评估的标准和指标也十分具体，但整体的导向（即评估目的）却显得不够清晰。现行的定级评估体系往往仅表明博物馆拥有什么资源，而未能反映出博物馆实现了什么目标？对社会做出了什么贡献？评估结果是否能真正反映一个博物馆的运行状态？这些都值得深思。在各大博物馆你追我赶的评估竞争大环境中，大家都过分关注和强调评估结果的总排名、总得分，就现行的评估体系而言，这些恰恰只反映出博物馆拥有什么资源，对其影响最大的显然是博物馆在人、财、物等方面的投入，博物馆规模投入的大小决定着博物馆的优劣，由此下去，会使博物馆越办越大，失去特色，或成为千人一面的百科全书式的博物馆，大家除了看到评估排名外，不清楚自己到底与其他博物馆的差距在哪里[1]。

（2）评估格局缺乏灵活性

较之于国际博物馆评估实践，我国的博物馆评估格局相对固定，缺乏足够的灵活性，较为僵化[2]。就现行的评估周期而言，我国博物馆评估工作（含晋升等级）每三年开展一次，而国家一级博物馆的运行评估工作则是每年进行一次。对于每年一次的运行评估间隔时间过短，而评估指标体系又很复杂，使得在每年的评估中不少博物馆疲于应付，况且就博物馆自身的运行规律来看，由于我国采用的评估方式是系统性的综合考评，博物馆在藏品管理、科学研究、陈列展览与社会教育、公共关系与服务、博物馆管理与发展建设等方面难以在短短的一年时间内有较大的变化，这样过于频繁的评估不仅增加了各个博物馆的评估成本（花费大量的人力和物力），也会使博物馆工作人员产生厌倦情绪，从而限制博物馆特色的发展，使博物馆各项工作陷于被动状态，似乎难以实现“以评促建，以评促改”的初衷，而是变为“为评而评”，更有可能把评估工作引入重“名”不重“实”的歧途。以宁波博物馆为例，我馆在2012年9月完成国家一级博物馆的申报及迎检工作后，2013年2月我们就立即投入到2012年的国家一级博物馆运行评估资料申报工作当中，其中间隔的时间非常短，任务繁重。

（3）评估结果与实际存在偏差

一方面，在评估资料的填报中，不同博物馆的领导及参与人员对评估体系与具体指标的理解、重视及把握程度参差不齐[3]；另一方面，参与评估工作的评委是从国家文物局核定的评估专家库中随机抽选的，他们都是馆外的博物馆专家，分散在各个单位，从事各不相同的博物馆业务工作，虽然具有较高的学术见地，但缺少对所要评估博物馆日常运作的了解，很难有效地发现博物馆最具特色的成果及最严重的不足，很难发现博物馆能取得较高评分之处[4]。在审阅卷帙浩繁的评估资料过程中，往往以申报的书面资料为主要的评估依据，凭借自身的经验与解读来打分，而且也仅限于给博物馆被评估业务工作的某个部分进行打分，尤其在定性评估的打分中可能随评估者的主观认定而变动，实际上造成了博物馆评估结果与博物馆实际脱离的情况存在。因此，希望仅仅通过最终的评估总分和排名对博物馆实际情况予以把握和判断就会产生一定的偏差。

四　对我国博物馆定级评估工作的建议

1. 明确博物馆的使命与宗旨

博物馆作为公共文化场所，占有大量的公共资源，首先应该明确博物馆的使命与宗旨，才能更好地发挥博物馆的各项功能，对博物馆的使命与宗旨、任务与目标有清晰的认识，这既是博物馆合理设立的基础，又是博物馆科学运行的前提[5]。作为政府主管部门和行业协会，除了密切关注博物馆运行状况与质量之外，还应该系统研究如何通过评估工作不断完善具体博物馆的定位、目标与责任使命，提升博物馆面向社会的公信力。而各家博物馆在参加定级评估中要重视发展规划的编制，各项业务工作与发展规划实现良好的关联，突出重点工作任务，真正实现特色立馆和内涵发展。

2. 关注博物馆自身的动态发展

博物馆的动态发展，是评估一个博物馆绩效高低和运行活动的重要指标之一。从全面评估逐步向分类评估、专题评估发展，更多地关注博物馆自身的动态发展是建立中国特色博物馆评价体系的发展方向。我国采用的评估方式主要是通盘的综合考评，除了全国博物馆十大陈列展览精品评选外，鲜有对博物馆业务工作的单项评估，而美国博协的评估项目多样且可以自由选择、按需索骥，既节约了评估费用，亦提高了评估项目的效率。相形之下，我国的博物馆评估项目较为单一，除了每三年一次的博物馆定级评估和每年一次的运行评估外，几乎别无选择，假设能根据不同博物馆的特色和类型让博物馆自主选择适合自身的专题评估项目，而不是统一参加周期较短的综合性评估，也许对适应各个博物馆各阶段不同类型的评估需求，充分发挥博物馆的主观能动性具有更大的意义[6]。

3. 加强评估工作的针对性

进一步研究更具实质性、操作性和可比性的评估指标，制定更完善的指标分级分类办法（如学术成果评估方面，不应只简单统计发表论文、出版专著的数量，而更应注重论文、专著的被引用量，才是论文质量的体现，也更能反映出科研特色和成果；又如考虑到不同博物馆的类型、规模不同，在评定指标设定时，应考虑不同博物馆所属类别的侧重部分），加强评估工作的针对性。同时，完善评估的反馈和共享体系，对评估中发现的诸多优秀案例和最佳实践加以整合，并提供多种横向比较、分析，建设博物馆运行最佳实践数据库，梳理各级各类博物馆在业务开展过程中的诸多有益尝试，并向各级文物行政部门、博物馆和公众开放，使各类博物馆能发现自身问题和差距，积极采取针对性的措施改善工作中的薄弱环节，以期加强博物馆之间的馆际交流，为博物馆提供改进思路和经验参考，促进博物馆事业的可持续发展[7]。

总之，要使一级博物馆定级评估工作长期深入的开展下去，就需要我们不断进行总结和反思，不断地予以改进，不仅要使每家参与评估的博物馆都能从中看到自身的不足，有针对性地进行加强，也要不断完善定级评估工作体系，使评估工作更趋合理和高效，这样才能发挥出定级评估工作更大的作用和意义。

注 释

[1] 王明明、曹兵武：《非营利组织绩效评价与博物馆评估——兼谈中国博物馆评估工作》，《中国博物馆》2013年第2期。

[2] 厉樱姿：《我国博物馆评估工作的回顾与思考》，《中国博物馆》2013年第2期。

[3] 王明明、曹兵武：《非营利组织绩效评价与博物馆评估——兼谈中国博物馆评估工作》，《中国博物馆》2013年第2期。

[4] 张书慧：《博物馆的科研评估——以伪满皇宫博物院为例》，吉林大学研究生学位论文，2011年。

[5] 单霁翔：《关于建立科学的博物馆评价体系的思考》，《中国博物馆》2013年第2期。

[6] 厉樱姿：《我国博物馆评估工作的回顾与思考》，《中国博物馆》2013年第2期。

[7] 厉樱姿：《我国博物馆评估工作的回顾与思考》，《中国博物馆》2013年第2期。

（作者单位：宁波博物馆）

浅谈博物馆的财务管理

罗　莺

随着社会主义市场经济的发展，经济总量的不断提高，国家对文化的重视程度越来越高，对文化建设的投入也不断加大。博物馆作为国家公益性事业单位，在文化建设和文化宣传方面具有重要作用。它承载着厚重的文化内涵，是一个国家，一个民族，一个地区，一座城市向世界开放的重要窗口，同时也是国家文明发展水平和综合国力的重要标志。作为公益性文化事业的标志性单位，博物馆的资金来源渠道主要是通过政府划拨的财政性资金。因此，建立健全相应的内部财务管理制度，规范财务收支行为，保障财政改革各项政策贯彻落实，提高财政资金使用效率，避免国家权益资本流失，财务管理工作起着举足轻重的作用。

一　博物馆财务存在的主要问题

随着我国公共财政、预算管理、国库集中支付等改革措施的深化，博物馆等事业单位财务管理的改革不断加强，财务管理水平也在不断提高。但是，由于种种原因，单位的财务管理还存在许多薄弱环节，财务管理工作中的一些问题还比较突出：

1. 财务管理的理念相对落后

财务管理作为一项重要的管理活动，在现代企业管理中越来越重视，在企业的生存发展过程中处于重要核心地位。而博物馆等事业单位作为保障社会发展的服务性机构，因为不以营利性为目的，不直接创造物质财富，主要任务是发展各项社会事业、推动社会进步，因此，不同程度地存在着对财务管理认识不到位，缺乏财务管理意识和理念，没有充分发挥出财务管理应有的辅助决策和监督控制功能。

2. 财务管理的制度不够健全

（1）财务核算制度不够严密。专项资金的管理把关不严，供应范围过宽，资金分配存在随意性，往来款项的管理不够规范，有存在呆账、坏账的风险。

（2）单位内部控制不够完善。会计岗位配置和人员配置不够合理，职责不明确。会计事前、事中、事后审核监督不严。内审控制不全或是有关内容缺乏合理性、缺乏可操作性，没有发挥应有的作用。

（3）法制建设不够健全。对财务管理工作的违法干预或施加不正当影响、法制观念淡薄等情况一定程度存在；财务管理人员的执法环境不理想，财务管理工作者是单位负责人领导下的工作人员，其经济利益直接由单位负责人所掌握和决定，财务管理工作者无法真正行使监督职权。

3. 预算执行缺乏约束力和严肃性

在资金使用中，支出控制不够严密，超支浪费现象一定程度存在，致使单位的会议费、接待费、车辆费、水电物业费等出现超预算情况。在项目经费支出管理中，基本支出和项目支出界定不清，用项目支出来弥补基本支出经费的不足，用于维持日常公用支出，没有做到专款专用。在专项资金使用过程中，还没有完全树立起讲求效益的理财理念，重拨款而轻管理，重预算审核而轻实际效果，对专项资金实际使用绩效缺乏有效监督和考核。

4. 财务人员专业素质还需提高

一直以来，事业单位的财务工作相对企业来说比较简单，因此对在一线从事财务工作的财务人员的业务素质要求不高，财务人员的业务培训和自身学习不够，造成会计基础工作不够规范，有时会出现对国家有关财经法规、政策和制度理解不透彻、落实不到位的情况。还可能出现财务数据处理上的错误，影响财务信息的真实性，财务资料不能如实反映单位的财务信息。

二　加强博物馆财务管理的几个方面

为适应快速发展的经济形势和新的会计制度及相关准则实施的要求，博物馆应结合单位自身发展的特点，采取各种有效措施，切实加强单位财务管理。

1. 加强预算内资金管理是财务管理的核心

预算内资金主要是指由国家各级财政部门统一集中和管理的财政资金部分。博物馆等公共事业单位的预算资金是进行各项财务活动的前提和依据，也是向社会提供服务的物质保证，是财务管理的核心。

（1）要强化预算编制。财政支出预算体现公共财政的性质和发展要求，合理编制预算，并且严格地进行执行，真实地反映单位的财务状况，这是完善预算管理的基本规则。财务部门要和其他业务部门相互配合，将预算管理和博物馆实际工作相结合，综合考虑单位内外的因素，细化预算收支项目，进行科学预测，使得预算支出能够得到统筹安排。对于预算执行的过程要进行跟踪调查，及时反馈预算的执行情况，科学地解决预算过程中存在的问题。

（2）要强化支出管理。严格按照财政或上级主管部门批复的项目、金额使用，不随意进行调剂使用。要根据财政补助、上级补助、事业收入、其他收入等情况，进行统筹安排，以保持支出结构的合理性。要严格执行国家相关规定，规范人员经费和公用经费的支出，规范公务接待公款消费等“三公经费”支出。

（3）要强化专项资金管理。对于博物馆来说，尤其要注意加强专项资金的管理，合理安排专项资金使用，按时报送专项资金使用情况、支出进度、使用效果等书面材料，接受财政和主管部门的检查，以保证国家资金的合理使用和发挥作用，进一步促进博物馆事业的发展。

（4）要做好财务分析。财务分析是事业单位财务管理的重要组成部分，也是认识、掌握单位财务活动规律，提高财务管理水平的重要手段。因此，财务部门应建立起科学的财务分析、考评体系，根据管理结果和核算资料，运用特定方法，对财务活动及其成果进行分析；同时做好预算执行情况定期分析，对下一阶段财务支出进行预测，倡导节约型建设，从定性、定量两方面对有关项目和公用经费进行分析，合理安排预算，为本单位工作的开展提供财务依据，当好领导参谋。

2. 加强单位制度建设是财务管理的保障

财务管理制度的建设是财务管理各项工作能够顺利进行的重要保证，博物馆应根据单位自己的实际需要，建立一套内控严格、切实可行的财务管理制度。同时及时做好财务管理制度的编制、修正和更新等方面的工作，使财务管理制度更加规范化、程序化和科学化。

（1）要完善单位的岗位责任制。要合理、科学地进行财务机构的设置和人员的安排， 实行内部牵制制度，按照不相容职务相分离的原则，明确财务相关人员权责，并且使不相容的岗位能够相互分离，对单位现金的管理、财产的审批、审批权限的分配、财务计划的制定和实施、资金的筹集和使用都要有明确而具体的规定，做到钱账分离、物账分离、财务管理人员明确职责权限，形成相互制衡机制。

（2）要完善单位的内部审计制度。首先要明确单位相关的财务负责人、分管或者主管领导的审批经费的范围以及权限，严格按照逐级审批的原则，规范内部的审批程序，防止多头管理的现象存在。其次要对票据进行严格审核，对于报销的原始凭证，要对其填列项目、金额、印章等进行严格审查，对于填列不明确、伪造、变造的票据一律不给予报销，禁止超范围、超限额的费用支出。

（3）要完善单位的资金管理制度。资金管理是财务管理的重点，是避免产生贪污、受贿、挪用公款等违法乱纪行为的保证。要对库存现金进行限额管理，发现超过标准的情况应当尽快送存银行，保证资金的安全，严禁出现坐支现金的情况。出纳人员应当逐笔进行现金日记账和银行存款日记账的登记，做到日清月结，会计应当每个月进行核对，做到账实相符。此外，财务人员对于应收款项和暂付款项应当进行及时清理，避免长期挂账。

（4）要完善财务分析制度。完善的财务分析制度能够提高单位的财务管理水平，提高经费使用效益，不断促进事业发展。此外，要加强财务分析的信息化建设，为单位领导以及信息使用者提供更加科学而准确的财务信息。

3. 加强财会队伍建设是财务管理的必要手段

（1）要加强对财务工作的领导。单位领导要认真学习《会计法》《事业单位会计准则》和《事业单位会计制度》等法律、法规和制度，强化法制观念，不断提高执行财政、财务制度的自觉性，增强财务管理和依法理财的能力。要加强对单位财务工作的领导，定期听取本单位预算执行和财务管理情况汇报，支持并要求财务人员依法履行职责，严格按规章制度办事。同时教育单位其他员工理解、支持、配合财务工作，为财务部门实施规范的财务工作创造一个宽松的环境。

（2）要加强财务人员的道德素质教育和业务能力培训。财务人员是财务工作的操作者，其素质和能力的高低直接影响到财经法纪的遵守情况，应通过财政部门组织培训、指导和交流等方式，来提高会计人员的职业道德素质和财会业务素质。首先，提高财会人员职业道德素质，使财会人员树立正确的世界观、人生观、价值观，保持较高的思想政治觉悟，增强其责任感，以《会计法》为行为准则，自律自重，依法理财，做到爱岗敬业，清正廉洁，坚持原则，热情服务，使之更加爱岗敬业，对于工作更加具有责任感，避免由于人为的因素造成国有资产的流失。其次，提高财会人员业务水平和能力，掌握做好财会工作必需的财务专业知识，包括基础理论和基本技能，特别是实际业务操作能力。

（3）要加强对财务人员的考核。要合理设置财务工作岗位，严格持证上岗制度，财务从业人员必须持会计证上岗。要建立相应的评价考核机制，定期进行考核，对财务管理工作做得好的，要给予表彰奖励；对考核不合格，不能胜任财务岗位的，要及时进行调整。

三 小 结

作为公益性文化事业单位，博物馆财务部门应顺应形势发展，结合自身实际情况，充分发挥财务工作在博物馆日常工作和建设中的作用，严格按照公共单位财务管理的基本原则和要求，加强制度建设，明确管理内容，强化管理措施，严肃管理秩序，规范好相关资金的管理与使用，使博物馆财务管理向着更科学、更合理的方向发展，从而更好地为文博事业服务。

（作者单位：宁波博物馆）

论博物馆的智能化

任楠楠

自20世纪90年代始，中国的博物馆事业进入了快速发展时期，全国各地都把建设博物馆作为当地文化事业发展的重点。同时，随着免费开放政策的实施，博物馆走出昔日的“象牙塔”，进入了机遇与压力并存的大千世界。如何吸引观众参观，如何管理免费开放下的观众，如何实现博物馆的社会化，如何实现博物馆的科学管理……这些都成为当下的中国博物馆必须要着力解决的重要问题。另一方面，伴随着数字化、三维建模、物联网、移动互联、云计算、大数据等各类新技术的蓬勃兴起，信息技术和智能化成为当下社会发展的主要动力，并渗透到社会的每一个角落，成为每一个社会成员生活不可获取的重要组成部分。因此，不论是有着多年历史的老馆，还是新成立的新馆，不论是国家级、省级的大型博物馆，还是地市级别的中小型博物馆，都把如何利用信息化技术作为解决目前免费开放政策下博物馆发展的主要手段之一，数字博物馆、虚拟博物馆、网络博物馆、智慧博物馆等多种多样的博物馆应运而生，藏品管理信息化、3D展厅、虚拟网上漫游、智能互动体验也频频出现在各大博物馆发展战略之中。博物馆智能化已经成为当下博物馆发展的主要方向。

一　博物馆内部管理的智能化

对于拼搏在市场化大潮中的企业来说，内部馆里的智能化不是一个新鲜词。迫于生存的压力，高效率、低成本的企业内部管理是企业生存和发展的重要方式之一，而运用信息技术的内部智能化管理是企业的必然选择。然而，对于博物馆，特别是国立博物馆来说，由于长久以来天然地缺少必然的生存压力，管理方式、管理手段变化不大，没有跟上社会发展的脚步，依然或多或少保存着计划经济的烙印。人浮于事，工作效率低下，管理成本过高，各种考核走形式、走过场等，各种问题突出，这也就造成了目前博物馆缺乏创新、缺乏竞争力、缺乏国际影响力的主要原因之一。国立博物馆的体制问题是解决博物馆内部管理的核心和关键，需要一个长期的过程，但是通过信息技术来实现博物馆内部管理的智能化则能从一定程度上提升博物馆的管理效率、降低管理成本，从而进一步提升博物馆的市场竞争力。例如，通过智能化办公系统实现内部流程管理的科学化。以博物馆展览策划为例，展览是博物馆最为主要的服务产品，而展览策划和实施则基本上牵涉文物保护、安全、设备、展陈设计、施工、宣传、社会教育等多个方面，可以说基本上涉及博物馆的每一个部门，信息的上传下达、部门之间的横向联络沟通等需要花费大量的时间成本和人力成本，而依托智能化办公系统建立一整套完善、合理的展览策划实施流程则能有效地降低这些管理成本，避免部门之间相互扯皮、推诿，提升管理效率。

当然，要提升博物馆内部管理，博物馆体制、管理理念、管理方式是核心和关键，博物馆内部管理智能化只是一个手段。但是，在当下的体制下，如何用好这一手段并发挥这一手段的作用则是提升博物馆内部管理的方向之一。

二　藏品管理的数据化

藏品管理是博物馆的基础，科学、合理、高效的藏品管理是博物馆收藏、研究、展示和教育四大基本职能能否得到充分发挥的必然要求。

从2012年10月开始，我国启动了新中国成立以来第一次可移动文物普查，由国务院统一领导，集中技术和人才力量对我国可移动文物进行全面调查和登记，内容包括文物名称、类别、级别、年代、质地、外形尺寸、质量、完残程度、保存状态、包含数量、来源方式、入藏时间、藏品编号、收藏单位名称等14项基本指标项，11类附录信息以及照片影像资料、收藏单位基本情况，涵盖可移动文物的基本信息，包括藏品的客观信息，也包括保存管理状况。而最终目的是建立起全国可移动文物信息登录平台和数据库，从而实现全国文物信息资源的整合利用和动态管理。这实际上就是把博物馆藏品管理从之前的纸质化、卡片化、静态化向数据化、动态化转变，从而有效地提升博物馆藏品管理水平。

藏品管理的数据化同样也有助于实现藏品的有效利用。完成第一次可移动文物普查之后，藏品的数据实现了全国的共享，所有的数据都可以在统一业内平台上找到，方便专家进行藏品的对比和研究。

此外，还有藏品管理中其他技术的应用，如国内一些博物馆已经开始运用了全自动高速3D扫描仪到展览当中，不仅可以记录下被扫描对象的形状、特征，还能判断材料质地，如反射和吸收特性等，从而使制作出来的3D图像更为逼真。然后可将指定文物的数字信息整合导出形成一个离线式的子交互系统，并可刻录入数据光盘进行分发、邮寄，使博物馆的知识传播目的性更强，并且更具多样性。

三　博物馆观众管理的数字化

观众管理，或者观众分析，是长久以来博物

馆忽略甚至回避的一个问题。但是，随着博物馆免费开放政策的实施，如何吸引观众参观是博物馆首先要面对的一个主要课题，博物馆必然要从之前的“以我为主”“以物为主”向“以人为本”“以观众为主”转变。而这其中，合理的观众管理和科学的观众分析是基础和关键。博物馆每天要面对大量的游客信息，如果想针对这些信息进行数据挖掘，分析哪个展厅浏览的人比较多，观众比较喜欢哪一类的展览，分析哪个展品前驻足的人流量最大等，只有有效地获取、分析这些数据，博物馆才能吸引更多的观众参观，才能真正实现博物馆的社会化。如果一直采用传统的方式，借助纸质的调查问卷，且不说观众愿意不愿意配合调查，调查的真实性与否，单就回收问卷并汇总成数据就已经是个庞大的工作体量，既费人力又费财力，得到数据的可参考性也有限。但是，信息化技术的采用则能有效地实现博物馆观众管理和分析的科学化、合理化：采用信息化数据采集，通过门票或热感定位，再经过软件分析就可以得到精准的数据信息，每天数据实时更新，轻松解决数据准确性、完整性以及回收等问题。总体而言，博物馆观众管理的智能化必然能够高效地实现对观众的精确、实时的分析，为博物馆引进、策划展览提供必要的参考和数据支持。

四　博物馆展陈手段的多样化

如果说内容是展览的基础，那么展陈手段和展陈方式则是观众参观展览的介质。从目前国内众多展览来看，追求展出文物的高级别依然是主流，而忽视了观众是否愿意看、是否能够看得懂这一最基本的问题。而在展陈中采用智能化、互动化的手段则有助于解决这一问题。

在展馆管理方面，各大博物馆也都做了各类高科技尝试。如采用先进的计算机控制的光照调节系统，使馆内始终保持明亮而柔和的自然照明；再配合压力传感器，可以达到例如“步步生莲”的特效，从而增进与观众的互动；扫描二维码即可了解感兴趣展品的前世今生等，这些都大大提升了展览的趣味性。

在展览策划方面，很多新技术都可以活学活用到展览当中，以宁波博物馆为例，在“从远古走来的渔猎文明——黑龙江鱼皮、兽皮、桦树皮文化艺术展”中，有北方渔猎民族服饰数字可视化穿戴的互动展示，并对不同的服饰搭配进行问答游戏，使游客对黑龙江地域粗犷质朴的艺术文明了解得淋漓尽致。在“从文艺复兴到黄金时代——威尼斯之辉”展中，采用3D投影技术，制作一个威尼斯街景，使游客仿佛置身于东西方文明交流的桥梁之中，欣赏那段辉煌文明史。又如“发现契丹——辽代文物精华展”中互动项目的采用，如立体拼图、独特印痕等，这些大大增加了普通民众和文化的融合度。

五　博物馆宣传教育的信息化

宣传教育是博物馆最接近社会、最为活跃的部门，也是从目前来看最为灵活地采用信息化、智能化手段的方面，微博宣传、微信平台已经成为博物馆宣传最为常用的方式之一，各种社会教育活动中的信息化手段应用也层出不穷。

以博物馆网站为例。各大博物馆除了实体馆的数字化建设之外，网络虚拟博物馆建设也是重要的一环。数字博物馆网站已不再是前些年那类单纯的信息发布平台，或是信息发布已经不是现在博物馆网站的唯一任务。它是博物馆的另一个的数字存在，是全方面对实体博物馆的虚拟展示，包括全馆的虚拟漫游、展览的互动游戏、展览的虚拟讲解以及与服务人员的实时对话。这种虚拟博物馆可以使用户随时随地登录，也可组织“流动博物馆”走出去做巡回展出，最大限度地发挥博物馆的知识传播作用，且没有被毁坏、被偷窃的危险。

六 智能化只是博物馆管理和发展的一种手段

信息化是整个社会发展的总体方向，对博物馆而言，信息化、数据化、智能化也是必然的选择，博物馆不应当回避，而是应当积极时代发展的方向，积极地根据博物馆的特点和自身的实际推动博物馆智能化建设，并借助智能化使博物馆更好地为社会服务，实现博物馆社会效益的最大化。

但同时，博物馆也必须清醒地认识到，智能化只是博物馆的辅助，只是博物馆发展的一种手段。对博物馆而言，藏品和研究依然是基础，展览依然是主体，社会教育依然主要职能。博物馆在采用信息化、智能化手段的同时不能喧宾夺主，为了智能化而智能化，而抛弃了博物馆作为博物馆这一社会存在的基础和基本职能。比如在展览陈列中，我们可以运用大量的信息化手段，但必须以展品为中心，必须以说明、阐述展品为目的，而不是为了求新、求奇而掩盖了展品本身。再比如在博物馆举办的各类社会教育活动中，其最终目的或是为了更好地阐述展览，或是实现某种教育目的，智能化只是为了增强活动的趣味性、可参与性等。

此外，随着博物馆的智能化，信息的安全保障也成为博物馆的工作重点。近几年，是我国网络与信息安全事件频发且性质严重的时期，大到国家信息安全，小到个人信息泄漏，直接影响了政府日常工作和居民正常生活。信息安全事件频发，改变了我们对信息安全状况的认识，即我们面临的信息安全问题已不再是一个局部性和技术性的问题，而是一个跨领域、跨部门的综合性安全问题，更是一个影响国计民生、关乎国家安全与社会稳定的现实问题。要进行智慧化博物馆建设，也要同步规划、同步建设、同步运行安全防护设施，强化技术防范，严格安全管理，切实提高防攻击、防篡改、防病毒、防瘫痪、防窃密能力。但这些往往很难一次性建设完毕，就很容易留下安全隐患。一旦联网，数据就会暴露在黑客们的视线当中，而数据的丢失或泄漏往往就是全部真实数据，传播速度惊人，复制速度快，可以追回的可能性较小，就算追回也存在唯一性的争议，对社会或业界造成的影响巨大。对外宣传也存在信息安全问题，通过官方网站或渠道发布的消息，如果存在问题，传播的速度快，受众的群体广，社会舆论发酵时间短，造成的影响大。

（作者单位：宁波博物馆）

浅析智能化安防系统在博物馆的建设与发展

於　照　沈　艳

博物馆作为文物收藏保护的机构，在安全防范领域，因馆藏文物的无限增值性、不可再生性等特点，使得博物馆属于高风险对象，尤其是当前博物馆各类活动交流和展陈交换越来越多，普遍存在博物馆安防系统与博物馆本身缺少联动机制，缺少定期或不定期安全有效的维护等，都成为影响博物馆安全与稳定的一大隐患。在这种形势下，如何更加有效地保护博物馆文化遗产成为我们研究的重要课题。因此，不少地方博物馆不断加大投入，构建、升级适合需求的智能化安全防范系统，以满足博物馆全时段、全方位、立体化的纵深防护体系要求。

一　博物馆智能化安防系统的概述

博物馆安全防范系统是集安全防范和日常管理于一体的综合管理平台，是实现博物馆管理现代化、保障博物馆安全的必要手段。为适应管理和发展的需要，博物馆安全防范系统已从简单的模拟系统、数模结合发展到全数字化、全网络化系统，正向“智慧博物馆”方向发展。一个完整的博物馆智能化安防系统是非常复杂的，包括周界及入侵防盗报警系统、智能视频监控系统、门禁控制系统、安全检查系统、电子巡更系统、智能分析预警系统和安防集成管理平台等多个子系统，其中“周界及入侵防盗报警系统”是整个体系的重点，它能直接拒绝非法入侵，“智能视频监控系统”则是为安保人员用来进行实时监控和事件事后处理取证所用[1]。

博物馆安全防范系统的每一个子系统都可以独立的工作，发挥各自的功能，它是多系统联动、平台式管理的新型安防系统。

二　智能化安防系统在博物馆中的作用与特性

随着信息技术发展，科学不断进步，对博物馆安防系统也提出新的要求。当前，博物馆安防系统是以视频监控为主导，由报警、安检、巡更等在内的各种智能化控制综合管理平台所组成的技防与物防系统。这些系统在保障博物馆内外安全方面都发挥了非常重要的作用。但纵观博物馆整个安防体系发展趋势，仍存在以下一些不足[2]：第一，独立运行：不同的系统需要登录不同的管理界面，采用不同的管理方式，因此信息不能共享，相互之间没有关联，管理效率越低，资源浪费也越严重。第二，被动防范：在发生影响博物馆安全的事件后采取各种方法处置，但难以统一核对和查找记录信息之间的关联性，对各种安全隐患缺乏预见、预判功能。第三，缺少联动：博物馆安防系统从以人防为主，趋向人防、物防、技防相结合的方式发展，但各种防范手段、方法之间相对孤立，安防系统还不能够和公安治安管理系统、消防系统有效联动，形成相应的预警应急机制。

通过以上分析，我们不难看出智能化安防系统是一个多学科多功能的技术防范管理体系。结合安防行业的发展趋势和博物馆安全来看，博物馆安防建设应与智能化建设无缝对接，提高安防系统的高清化、数字化、网络化和智能化，这将是现阶段博物馆安防建设的重点和发展趋势，下面将以此展开论述（图一）。

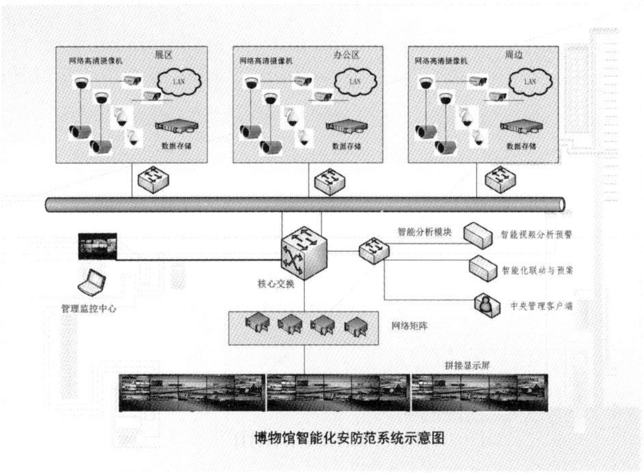

图一　智能化安防示意图

三　博物馆智能化安防范系统的建设重点及应用分析

1. 基于“高清化”监控系统的技术应用

随着安防市场行业中“高清化”概念的日渐普及以及深入发展，高清乃至超高清4K已经成为目前视频监控系统发展的必然要求。

博物馆作为安防行业的重要应用领域之一，其对高清的需求也日渐突显。为确保博物馆的安全，需要针对博物馆重点要害部位、关键区域以及主要出入通道设置不同种类的探测器，以视频监控系统的联运模式对博物馆人身财产安全及时布防，从而才能够对非法入侵情况展开监测。基于高清化监控系统的构建和应用，可实现模拟高清、网络高清、混合高清等多样化高清视频监控系统，可实现图像智能分析，对监控画面场景中的人或物进行识别、对比、判断，并就异常现象产生提示或报警，并将目前视频监控的被动记录，改变为主动识别、报警，从而全面提升监控管理水平。从目前实际建设情况来看，现在很多博物馆正在部署或建设中的安防系统，采用高清化的趋势明显增多。可以预见，今后高清化监控系统在博物馆中的应用将会更加普及。

2. 基于“数字化”通信技术的安防构建

数字化是安全防范系统网络化和智能化的前提和基础，它采用现代传感技术、数字信息处理技术、数字通信技术、多媒体技术来实现各种安全防范采集、处理、传输、显示和高度集成的系统。它可以使安全防范各子系统之间以及安全防范系统与其他信息系统之间实现网络连接和信息的交换与共享，从而提高安全防范质量与效率。博物馆数字化安全防范系统，以安全防范系统专用网络为平台，建立安全管理集中控制平台、周界及入侵防盗报警系统、门禁及安全检查系统、智能视频监控系统、电子巡查系统等，实现全数字化博物馆安全防范系统[3]：

（1）周界及入侵防盗报警系统。主要包括周界报警、通道报警、空间报警、展柜报警、报警控制器等。通过网络向总控平台或公安110报警中心发送特定的报警信息，以声、光、数字或图像的形式显示报警状态、报警地点、报警时间等。

（2）门禁及安全检查系统。采用人工智能信息识别和信息处理技术，选用指纹、IC卡等方式对出入口目标识别，控制授权人员进出博物馆相应的出入口、通道，并对展厅空间选用多重防范技术进行安全检查，有效保护文物和人员的安全。

（3）视频监控系统。在博物馆的外围、大厅、出入口、展厅通道、库房以及自动扶梯、电梯等区域，安装不同类型的摄像机，配置合适的镜头，最大限度地避免监控盲区。随着高清视频技术、智能视频分析技术、IP视频技术的不断发展，智能化视频监控在安防系统中的作用也越来越明显。

（4）电子巡查系统。在展厅闭馆的时段里，电子巡查系统成为博物馆安全管理部门实现对保安人员按时有序巡逻的有效监督工具。巡查系统包括：巡更棒、通讯座、巡逻点、管理软件等主要部分。可随时读取突发事件的数据信息，可以真实反映巡逻工作的实际完成情况。

3. 基于“网络化”高端防范技术的支持

在经历了模拟和数字两个时代以后，今天的视频监控正在全面走向网络化，这一趋势也同时影响着博物馆安全防范系统的发展，安防系统网络化的需求变得愈加迫切。

（1）远程监控提升网络化安防的需求。博物馆一般覆盖区域大，涉及的监控点和报警点较多，远程网络监控是博物馆安全智能化系统建设不可缺少的功能。通过远程联网，管理人员可以观看前端展区内的视频，可以对博物馆展厅、文物存放场所进行远程督查，及时发现各类安全隐患，进一步提高安全防范水平。

（2）安防集成提升网络化安防的需求。目前大多数博物馆安防系统中的监控、门禁等子系统相互独立，缺少联动，给安全管理留下了不少隐患，因此安防系统集成化的呼声越来越高。安防集成化是通过统一的管理平台，对各子系统进行集中管理，实现各子系统之间的相互联动，从而满足博物馆安防系统视频监控报警、巡更系统、火灾报警、楼宇自动化等方面的有效结合。从技术上来说，网络监控采用全IP架构，借助其开放性、可扩展性和系统提供的数据访问接口，通过简便的二次开发实现统一管理、集中控制、系统联动以及用户鉴权功能，因而，集成化的趋势也在一定程度上为安防网络化加速。

（3）信息存储提升网络化安防的需求。随着博物馆信息化、智能化的发展，监控前端数量的增多，特别是高清摄像前端的大量使用，使得存储设备的数量快速增加，博物馆信息存储安全及应用必然依附于网络，因此需要加强网络信息安全和网络存储功能。随着物联网的发展，无线射频识别技术、RFID条码技术等在博物馆中的应用，基于网络的云存储模式正向博物馆安防领域发展，正在悄悄地改变传统的安防系统架构。可以预见，信息存储网络化可以实现博物馆中各类资源的跨平台信息共享，真正实现智能化安防系统的整合与综合管理。

4. 基于“智能化”的管理控制方式

智能化是安全防范系统的高级形式，它使系统的人工管理转变为机器的自主管理，一般包括智能视频分析预警、智能化联动与预案等。

（1）智能视频分析预警。前端智能视频分析预警的主要功能是跨线检测、智能跟踪检测等，博物馆使用智能视频分析系统预警，在博物馆和展厅出入口进行客流量统计，在人流较密集的地方，采用定向移动监测，监控参观人群的移动方向和路径，确定是否有人逆行等情况，避免秩序混乱；在全局视频中进行流量统计和分析，了解人群的分布和运动模式，分析造成堵塞的可能性和人群感兴趣的区域等功能，该项视频分析技术已在很多博物馆得到了良好的应用。

（2）智能化联动与预案。传统的报警联动一般只能做到报警联动视频，或者报警联动警灯，但是数字化集成、网络化和智能化的安防集成系统可以实现复杂的多系统联动与相关预案。在报警防范区域内，出现“非法入侵”情况时，需要能够输出声、光报警等信号，以震慑非法入侵人员。同时，报警系统由安防一体化管理平台统一管理，可以和监控系统、门禁系统联动，更加提高了整个系统的防护等级[4]。

四　博物馆基于智能化安防系统的发展建议

为了能将智能化安防系统这一新兴的技术应用于博物馆的安全防范建设中，使博物馆发挥其最大的社会服务功能，今后我们应该在以下几个方面做出努力：

（1）博物馆智能化安防系统，应当以工作需求为落脚点。开展智能化安防系统建设的最终目的，是为了更好地服务和推进工作。因此，必须从工作需求出发，对安防智能系统进行设计和建设。博物馆不可能也不应当把重心放在方案设计上，而应当把重心放在需求分析和方案审核上。

（2）开展博物馆安防智能化系统建设，应当与自身实际相结合。当前，安防技术发展迅猛，新的产品不断涌现，产品性能不断提升，供选择的设备余地很大。我们在设计和建设博物馆智能化安防系统时，必须考虑把有限的资金最合理化使用，同时必须考虑产品的稳定性和可靠性，因此，一切从实际情况出发，要选择最合适的产品，而不是最新、功能最强大的产品。

综上所述，博物馆安防是关系到博物馆文物安全的大事，智能化安防系统必将是今后博物馆建设与发展的趋势。随着信息技术发展日新月异，博物馆安全防范的管理理念与新模式正在形成，博物馆安防技术的标准也在不断提高。面对这一形势，博物馆工作人员应紧随潮流，不断加强博物馆安防系统高清化、数字化、网络化、智能化的建设，努力提高安全防范管理水平，形成全时段、全方位、立体化的安全防范格局，以构建现代化的智慧博物馆。

注　释

[1] 唐海英：《安防系统对博物馆的重要性探析》，《旅游纵览》2013年第11期。
[2] 屈圣海：《博物馆安防对综合管理平台的要求和应用》，《中国公共安全》（综合版）2014年第7期。
[3] 卢志平：《浅谈博物馆安全技术防范》，《青年科学》2014年第3期。
[4] 陈凤华：《浅谈安全防范技术的现状及发展趋势》，《城市建设理论研究》（电子版）2012年第11期。

（作者单位：宁波博物馆）

博物馆在城市文化建设中的作用

范　昊

博物馆是社会文化的重要组成部分，近代博物馆文化的产生与发展标志着人类文化的发展和成熟。进入现代，以欧美发达国家博物馆为代表的博物馆文化取得了突飞猛进的发展，使博物馆成为城市文化建设中不可缺少的一部分。反过来，城市文化的快速发展又促使博物馆事业得以迅速地壮大和提高（图一）。本文拟结合宁波博物馆的实践，就博物馆在城市文化建设中的作用提出几点看法。

图一　观众参观

一　博物馆与城市文化的内在联系

首先，什么是城市文化？城市文化是城市人类在城市发展过程中所创造的以及从外界吸收的思想价值观念及其表现形式。狭义的城市文化仅指指导人类生产和生活的精神意识形态，以及与之相适应的制度和组织机构。这里所说的城市文化是广义的城市文化，是指能够反映城市特质的价值观念、思维方式、市民品行、人格追求、伦理情趣、建筑形态、经济环境、特质资源等众多方面和领域，是城市各个精神和物质要素相互作用的总和，是支撑城市发展的内在力量。城市文化经过长期的积淀而形成，具有相对的稳定性，同时又在城市的发展过程中不断发展和创新，具有综合性、层次性、系统性、时代性和继承性，承载着城市的基本价值追求，孕育着城市的精神。

显然，一座城市离开了文化就没有了灵魂，而作为一种独特、典型的文化信息存储方式，博物馆以其无可比拟的资源和象征优势赋予城市以精神之灵气和文化之气韵，培育着城市的形象。作为文物收藏机构，博物馆陈列展出的文物见证历史并记录历史，体现了人类文明在一定时间和空间条件下从事物质生产或精神生产的能力及情况，是人类社会和城市历史发展的真实反映；作为文化教育机构，博物馆开发利用自身的文化资源发挥文化渗透功能，在潜移默化中增进城市人民的自豪感、自信心、凝聚力和创造力。通过收藏、研究、展示文物对公众进行知识、技能和人文教育，博物馆集聚着城市记忆，塑造着城市品质，推动着城市复兴，支撑着城市文化建设的可持续发展。

关于博物馆与城市文化之间的关系，有很多形象的比喻，比如“博物馆是城市之心”“博物馆是城市的名片”“博物馆是城市的文化光芒”，突出的都是博物馆对于城市文化的重要性。人文主义环境论的代表人物刘易斯·芒福德（Lewis Mumford）更是直接把城市本身比作博物馆，指出“如果说博物馆的产生和推广主要是由于大城市的缘故，那也意味着大城市的主要作用是它本身也是一个博物馆：历史性城市，凭它本身的条件，由于它历史悠久，巨大而丰富，比任何别的地方保留着更多更大的文化标本和珍品。”可以说，博物馆在一定程度上就是城市文化建设实力的反映。

个人认为芒福德的比喻恰好描述了宁波这座拥有7000年历史的文化名城在构造一个博物馆和城市文化统一体上所做的努力。一方面，宁波博物馆作为总体展示宁波地域特色的综合性博物馆，坚持扎根宁波城市深厚的文化底蕴，通过理念、机制和实践的三大创新力求博物馆文化辐射力的最强化和文化惠民覆盖面的最大化，在获得国家一级博物馆、全国最具创新力博物馆等一系列肯定和殊荣的同时极大地提升了宁波城市文化的品质和影响。另一方面，宁波市政府明确提出要逐步形成以宁波博物馆为龙头、专题性博物馆和行业性博物馆为两翼、民办博物馆为重要补充的宁波文化展示体系，不断增强宁波城市的文化软实力和综合竞争力。其中，在宁波博物馆的带动下，目前鄞州区已建（在建、筹建）国有和民办博物馆、陈列馆、艺术馆36座，其博物馆密度已达到每4万人拥有一座博物馆，形成了一个社区博物馆的“群体效应”，预计2015年全市国有、民办博物馆和纪念馆、对外开放的文化遗产场所总数将达150个，宁波将全力打造国内知名的民办博物馆之都。这种博物馆和城市文化的有机互动，其最终目的就在于释放博物馆所蕴藏的“文化力”，为城市的科学进步、经济发展和社会繁荣提供源源不竭的驱动力。

二　博物馆在城市文化建设中的作用

城市文化内涵的综合性决定了博物馆对城市文化建设的贡献必然是多方面的。博物馆既是城市文化的规划师，又是城市经济的助推器，更是城市政治的稳定剂。

1. 博物馆在城市文化建设中的作用

对于博物馆在狭义城市文化建设中的作用，中外学者多有阐述，归纳起来有以下四个方面：

（1）传承城市历史文化

“藏品是博物馆的心脏”，因而城市文化记忆功能是博物馆最原始、最核心的功能之一。当代城市发展经验告诉我们，城市的精神面貌不是单体建筑和街道的简单集合，而是城市物质躯体和文化灵魂的结合，城市文化建设首先必须能承载历史，延续城市文明发展的脉络，不仅要反映城市曾经的生存状态和精神境界，还要多角度、多层次地反映现时城市文化，进而展望城市未来的发展方向，如此艰巨的任务只有靠博物馆来完成。博物馆的系统收藏可以加深人们对于城市文脉的了解，而众多的博物馆和不绝的城市记忆串联起来，其本身就是一个城市的文脉。

（2）辅助城市教育文化

“如果说藏品是博物馆的心脏,那么教育工作就是博物馆的灵魂。”博物馆是教育事业的重要组成部分，其知识性教育的特殊作用是任何专业教育都不可取代的。博物馆教育具有明显的业余色彩，没有严格的学习时限，也没有苛刻的知识考核，这种既没有正规教育的约束，又可以达到学知目的的教育特点，使博物馆成为社会的“校外校”、学校的“第二课堂”、成人的“终身教育”场所。以宁波博物馆为例，一方面，我们积极与宁波的中、小学校和大专院校共建“学校第二课堂实践基地”“德育实践基地”“文化共建实践基地”“未成年人社会实践基地”等教育基地，与之建立长期的、紧密的关系，形成馆校合一、双赢互惠的模式。另一方面，围绕“特展”“节日”“时令”“非遗”四大主题策划“宁博之约流动博物馆”“青少年探索体验活动”“东方讲坛”等各类社教活动，发掘“参观”中不能得到的“趣味”和“快乐”，将“参观”中形成的印象转换成独特而深刻的“博物馆经验”，寓教于乐。此外，我们还组织本馆志愿者组建宁波历史文化宣讲团，定期走进大中小学校宣讲宁波建城史、宁波河姆渡文化、宁波越窑青瓷文化等内容，受到了师生的热烈欢迎（图二）。

图二　少儿活动

（3）服务城市科学文化

研究是博物馆的基本职能之一，博物馆的藏品都是信息的载体，如何让沉默的历史见证者说话是博物馆科学研究的主要内容。个人认为博物馆的研究应着眼城市文化的大背景，一方面要从藏品中提炼出有益于城市进步的思想，通过展览、活动、出版等方式向公众传播，营造出积极向上的城市氛围；另一方面要服务社会科研，加强和其他研究机构的交流合作，共同促进地域文化的保护、弘扬和发展。博物馆需要学术权威性，更需要学术全民性，正如著名博物馆人乔治·布朗·古德（George Brown Goode）所说：“博物馆不在于他拥有什么，而在于他以其有用的资源做了什么。”

在研究方面，宁波博物馆独辟蹊径，立足宁波作为"海上丝绸之路"东方始发港和登陆港的历史地位，在宁波市政府和中国社会科学院战略合作的框架下，携手中国社科院历史研究所共建"海上丝绸之路"研究中心，随后又牵头建立国内"海丝"申遗城市联合运作机制，有效整合了国内"海丝"资源，形成了我国"海丝"学术研究、保护申遗、展览展示全方位一体化的综合平台。由"海丝"研究中心原创策划的"跨越海洋——中国'海上丝绸之路'九城市文化遗产精品联展"在国内首次集结各大"海丝"城市的精品文物统一展示，向公众再现了"海丝"的繁华盛景，也扩大了宁波和其他参展城市的对外影响。目前该展已入选《文化部对西亚北非地区文化交流精品项目》名录，获得优先赴该地区执行对外文化交流任务资格，赴日本和韩国巡展事宜也正在筹划之中。

（4）标记城市建筑文化

美国著名建筑师埃罗·沙里宁（Eero Saarinen）曾说："让我看看你的城市，我就能说出这个城市的居民在文化上追求的是什么。"博物馆作为一个地区、一个城市的文化标志和文明形象，其建筑应突出经典性、纪念性和永久性特征，体现出城市的历史内涵和人文精神。优秀的博物馆建筑是对"传承、创新、融合"等大文化理念的有力诠释，本身就是一件"文物"和"展品"。譬如宁波博物馆建筑，在外观设计上大量运用了旧城改造中回收的旧砖瓦和石料，形成了24米高的"瓦爿墙"，同时运用具有江南特色的毛竹制成竹条模板清水混凝土墙，将宁波地域文化特征、传统建筑元素与现代建筑形式和工艺融为一体，实现了博物馆文化和建筑文化的完美结合，已经成为宁波城市的标志性建筑。

博物馆对城市建筑文化的标记作用还表现在博物馆收藏的历史文化遗产包括建筑文化遗产，特别是一些遗址博物馆，因此博物馆对城市历史建筑文化和与建筑文化相关的艺术文化的存续有着重要的借鉴和示范作用。

2. 博物馆在城市经济建设中的作用

经济的发展促进博物馆事业的进步，这是被历史证明了的事实。截至2013年1月，我国博物馆总计3589座，数量比改革开放前增长10倍以上，并且一些博物馆的硬软件条件已经超过发达国家大多数博物馆的水平。其中，由于区域经济发展水平不同，西部欠发达地区和东北地区博物馆机构数量和藏品量较少，而东部和中部地区博物馆机构数和藏品数相对较多。同样，目前全世界大约55000座博物馆，大部分集中在美国、欧盟、日本等经济发达国家和地区。可以说，一个地区、一个城市所拥有的博物馆数量与它的经济实力成正比。

经济建设是博物馆事业发展的前提和保证，博物馆也应该并且能够为经济建设服务。当今时代，经济与文化日益融为一体，文化发展影响着经济发展，文化素质决定着经济素质，世界经济"文化化"的趋势将博物馆推到了经济建设的前沿阵地，博物馆资源及其有效的开发利用已经成为城市发展的资本和动力。个人认为博物馆对城市经济建设的影响也有四个方面的表现：

（1）提振城市经济建设士气

博物馆作为城市文化的载体，集聚着城市的人文要素，这些人文要素集中反映了城市发展过程中的生存理念和文化特性，是人们在社会生活中所共同拥有的价值观念，能对生活于其中的人们产生同化和支持的作用，也是推动城市实现生产力持续发展的力量。通过展览、活动、宣传等手段，博物馆能够深化、放大、传扬自身蒐藏的城市人文要素，调动起城市人类在经济建设中的积极性、主动性和创造性，进而推动城市发展。眼下正日益受到重视的“文化经济学”就认为，文化通过调整和控制各种生产要素配置规则以规划社会目标、统一社会意志、协调社会行为、集中社会智慧、团结社会力量，从而达到财富的价值增值的目的。

（2）吸引城市经济建设资源

亚里士多德在2000多年前说过：“城市的环境和所营造出的生活方式越有吸引力，有头脑和有资本的人才就越愿意聚集过来。”换言之，文化能够提升城市魅力，而博物馆在塑造城市个性风貌方面具有得天独厚的优势。依托自身积蓄的城市人文精髓，博物馆能够传播共同理念，凝聚民心人气，增进城市内部的人际和谐；立足自身的窗口职能和桥梁作用，博物馆能够全方位展示城市形象，搭建外部认知城市的平台，尤其是一些地域性行业和专题博物馆（如宁波服装博物馆、宁波帮博物馆、紫林坊艺术馆等），在展现城市经济特色的同时也为城市经济注入了文化活力；凭借自身的公共设施身份，博物馆能够丰富城市的文化环境，博物馆建筑设计的不断革新和“博物馆景观”理念的兴起则为优化城市空间环境增添新翼。鲜明的城市精神、融洽的生活氛围、文雅的居住环境、独特的开发潜力，这些都有利于创造良好的投资环境，吸引各路资本和各色资源发展城市经济。

（3）推动城市旅游休闲产业

这是博物馆对于城市经济建设最为显著的作用，2009年国际博物馆日的主题就是“博物馆与旅游”。博物馆本身不是旅游业，但其文化和文物“藏宝库”的特性对游客有着极大的诱惑，世界上一些著名的博物馆早就成为所在城市的标志性景点和游客必去之地，比如故宫博物院2014年共接待观众1527万，其中绝大多数是外地参团游客。游客的大量涌入必然为城市增加创收，除交通、餐饮、住宿等基本旅游收入外，更带来购物、邮电通讯、医疗保健等更具含金量的非基本旅游收入。与此同时，博物馆根据旅游业和游客的需求拓展自身的观光休闲功能，为游客提供更新更好的文化娱乐服务，转而吸引到更多的游客。当今时代，“城市的发展由依靠制造加工业的繁荣逐渐转向依赖休闲业的兴旺发达，因而城市经济的良性循环在很大程度上也越来越依赖于休闲需求的实现”。博物馆作为城市休闲业的重要组成，其对经济的推动力毋庸置疑，而博物馆有益身心健康的文化休闲功用也正得到越来越多的关注，今年上半年英国博协在英国纽卡斯尔的发现博物馆举行的研讨会就以“博物馆如何增强人们福祉”为主题，深入研究了如何将“促进人们幸福”提升为英国各大博物馆发展的核心目标。打造休闲博物馆也一直是宁波博物馆的奋斗目标，我们希望为市民构筑起一种从早到晚泡在博物馆的新型休闲生活方式，让参观博物馆成为一种生活习惯（图三）。

（4）开辟城市投资消费空间

事实证明，城市文化建设可以为城市经济发展开辟新的投资项目和市场空间。欧洲许多城市设

图三　参观展览

立了以博物馆为主体的综合文化区，即：一个城市或城镇中，拥有展现本地人文历史的博物馆建筑，以及最高密度的文化与娱乐设施的地理区域。在很多情况下，这些文化地区都是综合利用开发区域，其目标是为当地居民和外来游客提供名胜或游览景点（如博物馆、画廊、剧院等），同时提供办公、住宅、宾馆、餐饮、零售、休闲等设施和服务，这些项目被视为具有提升土地价值、繁荣消费、推动就业增长、提升地区形象、吸引投资等多重作用。另一方面，博物馆通过展览向公众介绍当地的投资环境、自然、矿产等经济信息，为区域资源的开发利用创造了条件。比如大连自然博物馆在“地球展厅”陈列中展出了某场生产的金刚石及采矿场景，有观众参观后与该厂联系商谈合作，扩大了产品的销路。

3. 博物馆在城市政治建设中的作用

博物馆的优势不仅在于能够展现人类文明，而且在于能够顺应时代潮流，及时传播新时期的先进文化。发挥博物馆的社会教育功能是办好一个博物馆的根本要求，但这种社会教育不仅仅是科学文化知识的传授，更是一种具有导向、激励、陶冶和传承意义的思想政治教育。作为国家精神文明建设的首要阵地和公众进行自我教育的基本场所，博物馆在构筑和谐社会、营造宜居宜业的城市环境方面发挥着不可忽视的作用。

（1）提供方针政策宣传平台

依托自身的藏品基础，博物馆能够就不同时期的政治任务进行直观的宣传教育。比如中国革命博物馆于1984年举办了“三中全会以来的伟大成就展览”，以近万件实物、文献、照片和图片展示了全国各条战线在经济建设中取得的成果，生动地说明了十一届三中全会以来的路线、方针、政策的正确。又如我馆举办的“宁波市廉政文化展”，从古代廉政思想和现代廉政建设两方面展示中国廉政文化，加深公众对于今日中国廉政文化建设的了解，引发其进一步的关注和思考。通过传播政治思想、道德观念和法律法规，博物馆能够引导人们树立正确的政治方向，提高人们的政治判断力、鉴别力和选择力，发展其参政意识和能力，从而形成较高的政治素养，自觉地为国家和城市建设服务。

（2）激发市民爱国爱乡情怀

文物是历史的见证，能真实形象地反映不同国家、不同民族在不同发展阶段的经济、文化、政治和社会状况，帮助人们认识自己的国家，感受民族的伟大智慧，提高民族自尊心和自信心。因此说，博物馆本身就是一本爱国主义教科书，博物馆将爱国主义深邃的内容沉浸、定格在陈列展览中，使其得到淋漓尽致的发挥。每当人们在参观展览时，不禁都会在历史与文化、时间与空间、人物与事件的交织中感受和思考那些展品背后的史实，受到启迪，产生共鸣，从而更加热爱自己的家乡。值得一提的是，正是在展现中华民族不屈奋斗历程的“复兴之路”展览现场，习近平主席首次提出了“实现中华民族伟大复兴”的中国梦概念。

（3）提高市民文化道德修养

通过形式多样、丰富多彩的展览和活动，博物馆能够集中、系统地向人们展示异彩纷呈的自然美、穿越时空的历史美、精雕细琢的陈列美、舒适安静的环境美和声情并茂的讲解美，使人在美的感染和熏陶中形成高雅的审美情趣。与此同时，经过历史和文明洗礼的展品能够调动人们的想象和情感，使人有所感悟，形成高尚的道德情操。例如从简陋的旧石器中我们可以感受到人类祖先从野蛮迈向文明的步伐，从古朴的彩陶中我们可以体会到那个时代单纯而明朗的内心世界，从雄健的青铜器中我们可以触摸到中华文明强劲的脉搏……借由感官上的愉悦和心灵上的震撼，博物馆有助于培养正确的世界观、人生观和价值观，赋予人们改造世界的精神动力。

（4）缓解城市就业压力

由于自身的多样化职能，博物馆的岗位资源丰富，涉及行政、研究、保管、修复、设计、策划、教育、宣传、讲解、服务等多个领域，同时兼具专业、外包、兼职、临时工等多重层次。随着城市经济和文化的繁荣，博物馆的数量会越来越多，对从业人员的需求也会相应增加，博物馆在分流就业压力、维护社会稳定方面的作用将愈加显著。

三　宁波博物馆的城市文化建设实践

随着社会的发展，博物馆的外延被放大，内涵得到丰富，新的观念逐渐渗透。博物馆不再只是城市过去的标志和记录，而是“参与社会变革的重要力量”。基于这一认识，宁波博物馆始终将公众以及公众参与作为自身发展的立足点和归宿点，积极搭建平台吸引公众参与，力求在博物馆与公众的双向交流中释放博物馆蕴藏的文化软实力。具体做法包括：

1. 秉持“大资源观”和“百姓博物馆”理念

“大资源观”注重社会资源的整合与利用，强调科学合理地调动全社会一切可以利用的资源弥补自身不足；“百姓博物馆”注重以人为本，强调发展。基于两大理念，宁波博物馆着力从两个方向培养公众参与意识：自内而外，通过建章立制、岗位培训等方式，引导本馆人员牢固树立文化为民观念并使之常态化、持久化；自外而内，通过宣传、教育、活动等方式，引导公众逐步形成参观并参与博物馆的意识和习惯，使博物馆成为公众不可或缺的生活方式。

2. 构筑公众参与保障体系

建立“事业编制、特定控制、政府采购”的“三合一”人事组织模式，“一专多能、混合设置、以岗定人、以岗定薪”的人事管理和分配制度，以及“绩酬挂钩、奖优罚劣”的奖惩机制，为构筑公众参与体系提供了良好的人才支撑。实行“市为主、区为辅、国家补助、社会资助”的四位一体经费保障机制，为构筑公众参与体系提供了坚实的资金支持。借鉴国外博物馆发展经验，借助邵逸夫、董建华、包玉刚之女包陪庆等宁波帮人士捐赠资金成立了“宁波博约博物馆文化发展基金会”，为博物馆人才培养、学术研究、展览教育、外事交流等项目提供经费和智力支持，进一步拓展了博物馆公众参与的运作和发展空间。

3. 提升开放区服务水平

建立开放区“五星级”服务体系，在不断完善硬件配置的同时，借鉴酒店、旅游景区等其他服务行业规范并结合自身实际及公众需求，进一步完善各项接待工作的程序、标准和规范，实施全面的精细化管理和人性化服务，坚持从细节入手，营造舒适的参观环境。

4. 建立以人为本的展览体系

推出《“展览由您定”观众特别展览需求调查》，调查范围涉及展览内容、展品类型、展览时间跨度、展览配套活动等多个方面，以观众反馈作为下一年度特展的重要依据，促进特展从“供给型”向“需求型”转变。一位观众在问卷中写道：“一直以来，只能是博物馆有什么展览，我看什么展览。通过这个问卷，现在是博物馆问我想看什么展览然后提供什么展览。”

5. 打造宁博特色志愿者队伍

逐步建立起一支以社会志愿者为主力、以学生志愿者为后盾，植根地域、辐射海外的志愿者队伍，现有注册志愿者657人、非注册志愿者1500余人，服务人数常年保持在2000人左右，累计服务时间达646000小时。同时，牵头成立中国博物馆协会志愿者专委会，提出了以“科学化、社会化、多元化、数字化、国际化”为核心内容的中国博物馆志愿者发展思路。2013年，启动“志愿者万里行”活动，全国有超过100家博物馆响应，至2014年底总行程逾50万千米（图四）。

图四　志愿者服务

总而言之，博物馆与城市文化建设是一个具有时代意义的命题，要真正实现博物馆与城市文化的共赢共荣，还有很多问题需要研究，比如如何促进博物馆工作人员观念的更新、提升博物馆自身的创新力，如何推动社会力量介入博物馆事业，如何避免陷入城市文化建设的误区等。博物馆要倡导一种建立在对文化遗产的全面保护和传承基础上的由博物馆所引导的特有文化，利用博物馆无可比拟的资源和象征优势引领城市文明，为城市建设提供有力的精神和智力支持。

（作者单位：宁波博物馆）

《史记·殷本纪》见证商代考古

段廉廉

《史记·殷本纪》（以下简称《殷本纪》）是现存系统记述商代历史之首篇，以商朝的宗祖血脉继承为本，以商朝时间延续为纪。“本纪”是《史记》开篇的第一种体裁，是纪传与编年的结合。不过司马迁撰史的立足点，主在天下事势，并非是当时的天子王朝。它与后来以《汉书》为代表的一系列正史的本纪，貌合而神离。

配合着田野考古的发掘去阅读一部王朝的史书，无疑是要了解这个王朝的起源、年代、都城及重大事件。因而读《殷本纪》应从以下几个方面入手：

一　商的起源

“殷契，母曰简狄，有娀氏之女，为帝喾次妃。三人行浴，见玄鸟堕其卵，简狄取吞之，因孕生契。契长而佐禹治水有功。帝舜乃命契曰：‘百姓不亲，五品不训，汝为司徒而敬敷五教，五教在宽。’封于商，赐姓子氏。契兴于唐、虞、大禹之际，功业著于百姓，百姓以平。”《殷本纪》开篇就点明了商代的起源、氏族族徽、发祥地及初期的业绩。

初读《殷本纪》的人对其命名都会有着这样的疑惑：《殷本纪》描述的是商代的历史，为何不直接命名为《商本纪》呢？契是商代的始祖，在本纪的开篇理应被提为“商契”，可为何又被命名为“殷契”？

对此，《史记·索隐》注曰：“契始封商，其后裔盘庚迁殷，殷在邺南，遂为天下号。契是殷家始祖，故言殷契。”同时，《诗经·商颂·玄鸟》记：“天命玄鸟，降而生商，宅殷土芒芒。”商即契，契生于殷土。殷，地名（今河南安阳一带），有“大”之意。而契封于商（旧说故地在今陕西商县，近来多认为在今河南商丘），是在他有所业绩之后。故而契的祖籍地是殷，应被提名为《殷本纪》。又，《诗经·商颂·长发》载：“有娀方将，帝立子生商。”有娀氏初强时，其女生商，即契。这一句再次佐证了《殷本纪》命名的出处。

母系氏族社会的“只知其母，不明其父”的特殊性决定了传说的玄幻色彩。《史记》中对于商的来源归于玄鸟卵。如同西方的《圣经》，耶稣的父亲是上帝，是神。圣母只是受到了圣灵的感应就诞生了神的肉体。除去地域的界限，人类对于自身的来源都是希望去寻求一种神秘的力量，从而烘托出人类的崇高。

有学者认为“玄鸟”可能是一个族群或部落共同尊奉的图腾。因为出土的众多商代青铜器上都刻有鸟类纹饰。例如，商“玄鸟妇”纹青铜壶上刻“玄、鸟、妇”三个字的图铭，研究者认为此为商人先世玄鸟图腾的残余。玄鸟与女性符号的合一有其特殊意义。运用类型学原则，依鸟纹变化情况进行排序可确定断代的标准器，这也是一项简易的商周断代依据。

二　商代世系表

商朝（前1600 ~ 前1046年），自商族部落首领商汤灭夏创立，历经五百余年后被周武王所灭，王朝共经历17代31王。

2000年11月9日，“夏商周断代工程”正式公布的《夏商周年表》，把我国的历史纪年由西周晚期的共和元年，即前841年向前延伸了1200多年，弥补了中国古代文明研究的一大缺憾。根据这份年表，我国夏商分界约为前1600年；“盘庚迁殷”约为前1300年，并以“盘庚迁殷”事件的前、后段划分商朝的前、后期；商周分界为前1046年。

表一　夏商周年表

庙号	谥号	姓名	史记中的祭名	甲骨文中的祭名	在位时间	在位年限
商太祖	太武王	子履	汤	唐、大乙	前1766年 ~ 前1754年	13 年
	哀王	子胜	外丙	卜丙	前1753年 ~ 前1751年	3 年
	懿王	子庸	仲壬		前1750年 ~ 前1747年	4 年
商太宗	文王	子至	太甲	大甲	前1746年 ~ 前1721年	26 年
	昭王	子绚	沃丁		前1720年 ~ 前1692年	29 年
	宣王	子辩	太庚	大庚	前1691年 ~ 前1667年	25 年
	敬王	子高	小甲		前1666年 ~ 前1650年	17 年
	元王	子密	雍己		前1649年 ~ 前1638年	12 年
商中宗	景王	子伷	太戊	大戊	前1637年 ~ 前1563年	75 年

续表

庙号	谥号	姓名	史记中的祭名	甲骨文中的祭名	在位时间	在位年限
商中宗	孝成王	子庄	仲丁	中丁	前1562年～前1550年	13年
	思王	子发	外壬	卜壬	前1549年～前1535年	15年
	前平王	子整	河亶甲	戋甲	前1534年～前1526年	9年
	穆王	子滕	祖乙	且乙	前1525年～前1507年	19年
	桓王	子旦	祖辛	且辛	前1506年～前1491年	16年
	僖王	子逾	沃甲	羌甲	前1490年～前1466年	25年
	庄王	子新	祖丁	且丁	前1465年～前1434年	32年
	顷王	子更	南庚		前1433年～前1409年	25年
	悼王	子和	阳甲	象甲	前1408年～前1402年	7年
商世祖	文成王	子旬	盘庚	般庚	前1401年～前1374年	28年
	章王	子颂	小辛		前1373年～前1353年	21年
	惠王	子敛	小乙		前1352年～前1325年	28年
商高宗	襄王	子昭	武丁		前1324年～前1266年	59年
	后平王	子跃	祖庚	且庚	前1265年～前1259年	7年
商世宗	定王	子载	祖甲	且甲	前1258年～前1226年	33年
商甲宗	共王	子先	廪辛		前1225年～前1220年	6年
商康祖	安王	子嚣	庚丁	康丁	前1219年～前1199年	21年
商武祖	烈王	子瞿	武乙		前1198年～前1195年	4年
	匡王	子托	太丁	文丁	前1194年～前1192年	3年
	德王	子羡	帝乙		前1191年～前1155年	37年
	纣王	子受	帝辛		前1154年～前1122年	33年

三　商的都城

“成汤，自契至汤八迁。汤始居亳，从先王居，作帝诰。”

“帝中丁迁于隞。”

“帝盘庚之时，殷已都河北，盘庚渡河南，复居成汤之故居，乃五迁，无定处。”

虽然，司马迁记商迁有八，却只明记成汤迁亳这一次。也许，司马迁不明八迁皆为何地，故不细言。然而亳的故地在今山东曹县、河南商丘之间，今河南偃师县西面也有古亳城，相传曾为帝喾和商汤所居。或谓汤本居商丘之亳，后迁居偃师之亳。关于亳的具体位置也未明记于各类史书上。只能说，商丘与亳相距甚远，故太史公载“自契至汤八迁”以明之。

1983年夏，中国社科院考古所在河南发现偃师商城，由地层关系判明其相对年代早于二里冈文化，为商初期营建的城址。至于此城是否是记载中的汤都亳，现今仍存有争议。有学者认为，此城是太甲所放处桐宫，是“早商时期商王之离宫所在”，于1995年郑州白家庄发现的郑州商城才是汤都亳。郑州商城的年代经地层关系确定为：始建于二里冈期下层，使用到二里冈期上层，即公元前1620年前后。对于郑州商城的性质，也有学者提出了质疑，认为这是商中期“仲丁迁于隞（今河南荥阳县北）”的隞都，而非汤都亳。

依照《史记》，盘庚迁都指的应是从黄河以北的邢（邢丘，今河南温县东）迁至黄河以南的亳；依古本《竹书纪年》记的则是从黄河东南的奄（今山东曲阜，为南庚、阳甲所居）迁到黄河以北的殷（今河南安阳市西北）。今人多从《竹书纪年》之说。

“五迁”指的是商汤到盘庚的五次迁都，具体说法有分歧，如商汤迁亳、盘庚迁殷是否算在五迁里就没确切答案。

20世纪初开始对殷墟遗址进行发掘，确定殷墟是商晚期都城遗址。随着甲骨文的发现，尤其是对河南安阳小屯村出土的甲骨文进行解读，罗振玉、王国维等人在甲骨卜辞上发现商代先公先王的名字，并进一步证实了殷墟所在的小屯村及其附近为商后期的王都遗址。

四　殷墟考古与《殷本纪》

通过对殷墟的发掘，先后发现了宫殿宗庙建筑基址、西北岗王陵区、祭祀区、妇好墓、铸铜作坊和制骨作坊，这些充分显示出殷墟文化内涵的丰富性。综合宫殿、墓葬、青铜器及甲骨文的分期研究，学术界已经倾向认定殷墟作为都城应该始于武丁时期，而非盘庚时期。

1936年，于安阳殷墟宫殿遗址的西南侧，即小屯村西北发现的M5，因其出土铜器上有“妇好”“司母辛”铭文，墓主身份得以确定为殷王武丁的配偶“妇好”，庙号“妣辛”，多次主持大规模的祭祀和征伐活动，死于武丁时期。墓室东西壁、墓室北端均发现了殉人、殉狗的现象。M1001的东、南、西、北四条墓道中也都有殉人现象。同时，安阳小屯宫殿区的乙组和丙组基址中也有人祭遗址。1976年发掘的安阳殷墟王陵区191座祭祀坑，根据坑位的叠压关系可判断为商后期王室祭祀场的遗址，年代约相当于殷墟文化的第一期，即武丁时期。祭祀坑内的奴隶遗骨大多被切去了头颅，骨架上的刀痕明显。由此可以想象，当时的场景凄惨。这些与《殷本纪》中记载的“武丁修政行德，天下咸欢，殷道复兴”似乎不符。商代大量的人殉和人牲现象，在《殷本纪》中只字未提。就连用甲骨卜辞的这一现象，史书中也未曾提及。

关于殷王纣，《殷本纪》花了大篇幅去描述，可是关于纣亡、鹿台、朝歌的地点，殷都安阳的介绍却都只是一笔带过。出现在传闻中的那商朝政界里的八百诸侯，他们如何反商的故事，太史公也未摘录。

如今，我们对商代存在着误解，这是因为受到时间的间隔。在周代，对商代存在着误解，是因为受到地域的限制。仅凭一篇《殷本纪》，我们不能读尽一段商史，却能佐证一部商事（图一）。

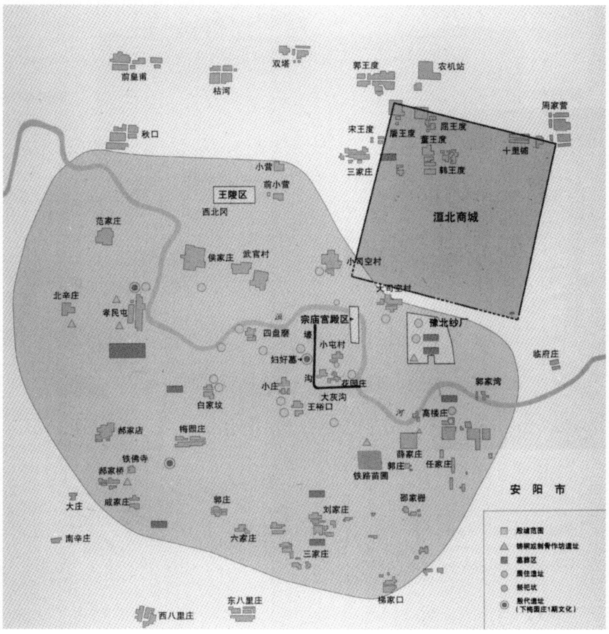

图一　殷墟遗迹分布图

参考文献

（汉）司马迁撰、（宋）裴骃集解、（唐）司马贞索隐、（唐）张守节正义：《史记·殷本纪》，中华书局，2005年。

张之：《“殷本纪”与“殷契”解》，《中原文物》1988年第2期。

《夏商周断代工程丛书》专家组：《夏商周断代工程1996～2000年阶段成果报告·简本》，世界图书出版公司北京公司，2000年。

夏商周断代工程专家组：《夏商周断代工程1996～2000年阶段成果概要》，《文物》2000年第12期。

张之恒：《中国考古学通论》，南京大学出版社，2004年。

聂玉海：《〈史记·殷本纪〉中一条史料的辩证》，《殷都学刊》1985年第1期。

（作者单位：宁波博物馆）

吕祖谦及其史学思想

胡林迪

一 吕祖谦其人

吕祖谦，字伯恭，世称“（小）东莱先生”。出生望族，家学渊源深厚。七世祖吕夷简，六世祖吕公弼、吕公著皆曾入朝为相，而五世祖吕希哲、曾祖吕好问、伯祖吕本中等皆为世之名儒。吕氏家学之盛，全祖望在《宋元学案·范吕诸儒学案》里说道：

“考正献子希哲、希纯为安定（按指胡瑗）门人，而希哲自为《荥阳学案》。荥阳子切问，亦见学案。又和问、广问及从子稽中、坚中、弸中，别见《和靖（按指尹焞）学案》。荥阳孙本中及从子大器、大伦、大猷、大同为《紫微学案》。紫微之从孙祖谦、祖俭、祖泰又别为《东莱学案》。共十七人，凡七世。然长子好问，与弟切问历从当世贤士大夫游，以启紫微，不能不为之立传也。”

一门而入学案者七世十七人，不可谓不极盛也。刘昭仁先生总结吕氏家学：“有恪守中原文献之统而无常师，兼重经史，既尊德性又道问学，参融儒释诸端。”[1]可以说道出了吕学的主要精神。至于吕祖谦本人亦受“不名一师，不主一说”的家学影响极深，先后从学于林之奇、汪应辰、胡宪。他与当时朱熹、张栻齐名，号“东南三贤”。全祖望在《宋元学案》里为他专门立《东莱学案》并给予其学问以较高评价：“宋乾、淳以后，学派分而为三：朱学也，吕学也，陆学也。三家同时，皆不甚合。朱学以格物致知，陆学以明心，吕学则兼取其长，而复以中原文献之统润色之。门庭径路虽别，要其归宿于圣人则一也。”

将其学术与当时臻于大盛的朱陆学说并列，可见谢山对其尊崇。而其论“小东莱之学，平心易气，不欲逞口舌以与诸公角，大约在陶铸同类以渐纪其偏，宰相之量也”，确乎概括了伯恭一生为人和为学的最大特点——“博杂旁通”“兼容并包”。

二　学术特点

综观吕祖谦一生的学术历程，其特立与当时的最主要特点可概括为两点：

第一，杂博。朱熹曾直指“其学太杂”“不能守约”，“博杂极害事，伯恭目前只向博杂处用功，却于要约处不曾仔细研究”[2]。首先其“学无常师”的传统家风和中原文献之学的家学渊源对他“泛观广接”当时各家学派学风的形成不无影响。其师胡宪即是宽厚平和之人，至于祖谦本人不仅能容人学之所短，更能汲人学之所长。一方面吕祖谦受到家学中道学成分的影响，另一方面其主要学术倾向无疑是穷究道德性命之理学，但其又不囿于理学。观当时之学术，理学占据学术的主流，在理学之内有朱陆之别，理学之外则有陈亮、叶适为代表的反理学的思潮。吕祖谦不曾从属于其中的任何一派，却同时融合了三方学术的观点于一身。由于伯恭本人不守门户之见，“心平气和，不立崖异”，与其学术意见不同的朱熹、陆九渊、陈亮等都建立了深厚的友谊。在理学上，他调和朱陆，主持“鹅湖之会”。而其本身的理学倾向并不妨碍其与反理学的代表人物之一陈亮的友谊，并在一定程度上受其“实利主义”的影响，后者更视其为知己。

第二，务实。吕祖谦虽然具有一个理学家的立场和主张。但是他反对理学家空谈性命义理之学，认为“盖尝论立心不实，为学者百病之源”，“今日所与诸君共订者，将各发身之所实然者以求实理之所在。夫岂角词章、博诵说事无用之文哉”，“学者以务实躬行为本，语言枝叶，政自不急耳”[3]。“毋废初心，使斯民益被实惠，是所愿望”[4]，主张“学者须当为有用之学”，“学而无所用，学将何为也”[5]，“切要功夫，莫如就实，身体力行，乃知此二字甚难而有味”[6]。可知他的学术观点多少与讲求务实和经世致用的浙东学术传统相契合。

三　史学著作概述

吕祖谦的学术思想的另一个重要表现，就是对史学的重视。流传至今的有关史学方面的著作主要有未竟之作《大事记》十二卷（通释三卷，解题十二卷），其中《大事记》乃大事编年，起周敬王三十九年，止汉武帝征和三年。取司马迁年表所书编年系目，以记春秋后事，复采辑诸书以广之。《东莱左氏博议》二十五卷（另有《左氏传说》二十卷、《左氏传续说》十二卷），《博议》一书为诸生课试（科举考试）之作，目的在于“思有以佐其笔端针对《左传》所载的治乱得失之迹，分篇而议，凡一百六八篇”。《历代制度详说》十二卷，本家塾私课之本，分制度与详说两部分，制度甚为简要，详说则叙建制沿革。除此之外，还有《宋文鉴》一百五十四卷，《书说》三十五卷（前二十二卷为其门人时澜增修，后十三卷为吕祖谦本人撰写），《左氏传说》二十卷和《左氏传续说》十二卷，《十七史详节》二百七十三卷，《通鉴详节》一百卷。在《丽泽论说集》（十卷）和《东莱集》（四十卷）中，也有不少历史方面的论说。

四　史学思想

相比于同时的理学家，吕祖望对于史学颇为用心，朱熹对此颇有微词“伯恭于史分外仔细，于经却不甚理会”。这其中“于经却不甚理会”似有所偏颇，但“于史分外仔细”一句却实中要害。这当然与其家学渊源不无联系，也是其自身历任史职，娴于治史之结果。简而言之，吕祖谦的史学思想可以概括为“承中原文献之传统”，“识前言往行，以蓄其德”。前者所说是伯恭治史的家传和方法，后者点明了其治史的目标和专注点——经史一体，经世致用。这里分别作出阐释。

1. 中原文献之传统

吕祖谦能在史学上别有一番所得，与其家学渊源不能分开。大概吕家先祖世代显赫，收藏了大量的文献典籍。而宋室南渡之后，中原文献多散佚损毁，而当时吕好问先在金兵卵翼下的张邦昌政权下任职，吕氏家族获得保全。吕好问携家南下之时，南方已经安定，所以吕门的文献得到了较好的保存。全祖望在《宋元学案》中说道：“中原文献之传读独归吕氏，其他大儒弗如也”[7]，而朱熹也称吕氏家学“习典故”[8]，真德秀曰：“吕公接中原文献之正传”，可见吕氏家学中有比较强的文献学传统。况且其承接“不名一师，不主一说”的家学传统，善于采众家之所长，兼收并蓄。就从吕祖谦的著述来看，东莱先生读史极下工夫，《十七史详节》《通鉴详节》《西汉精华》《东汉精华》等书均是其读史书时从中摘录所得，而其所著《家塾读书记》《唐鉴音注》《宋文鉴》《大事记》《历代制度详说》等采用了文献家综罗之手法，兼综前人之说而成。但是东莱治史并不以综罗文献为满足，他同时也很注重文字训诂、版本校勘、史实的考订等这些文献学的工作。在训诂方面，“诸先生训释，自有先后得失之异，及汉儒训诂不可轻，此真至之论”[9]，表达了其对于训诂的重视，东莱又因《伊川易传》在流传翻刻中错漏众多，于是搜罗各种版本，详加校勘。他撰写《大事记解题》《唐鉴音注》等就做了大量的史实考订工作。

2. 经史一体

全祖望认为吕学兼取朱陆之长，“而复以中原文献之统润色之”，“要其归宿于圣人，则一也”[10]。庐陵彭飞序《历代制度详说》：“东莱先生以中原文献之旧，岿然为渡江后大宗，紫阳倡道东南，先生实羽翼之，故凡性命道德之源，讲之已治，而先生尤潜心于史学，似欲合永嘉紫阳而一之也。”[11]基本上抓住了吕学的本质——由经入史，经史一体。其实史学的义理化不单单是东莱一人的创举。吕谦举评论宋代史学：“在特别强调义理精神下，而进一步想把经与史合为一体。程伊川、范淳夫倡议于前，张栻、吕祖谦、朱晦庵继起于后，先后二百余年间，史学在道学（即理学或经学）的孕育下，史学中的义理吸收道学的精义，道学中的事为藉史学而发挥。”[12]可见史学的义理化其实是整个有宋一代史学的潮流所在。东莱也认为“读经多于读史，工夫如此，然后能可久可大”[13]，可见他本人并没有如朱熹所评论的那样“于经却不甚理会”，而是很重视经义的研读。北宋范祖禹协助司马光编著《资治通鉴》之外别著《唐鉴》，可以说是义理史学的一种尝试，受到当时人的追捧，而东莱为之作音注，可见其对《唐鉴》此书的认同。但又强调：“多识前言往行，考迹以观其用，察言以求其心，而后德可畜。不善畜，盖有玩物丧志者。”[14]通过“识前言往行”来达到“蓄德”的目的，在对历史经验的总结中达到道德的教化作用，而不是单纯的以理证理和经义的阐释，从而将经史合一。这可以说是东莱史学思想不同于同时理学家的地方，也是其对后世史学发展的重要贡献。章实斋在其《文史通义》里专辟浙东学术一章论其“言性命必究于史”，其传统当从吕东莱始。

3. 经世致用

前面已经简略介绍了吕祖谦学术思想的一个特点——务实，反映在其史学思想上则是讲求经世致用。这点仍然首先要从吕氏家学中寻找渊源，吕氏三世为相，累朝为高官，为学多娴于政体。而且吕祖谦的学问中有包容永康、永嘉诸派的成分，其致用学说与此大有关系。“多识前言往行以蓄德”，而蓄德在致用，事功是德所实践的境域。他又说：“教国子以三德三行，立其根本，固是纲举目张，然又须教以国政，使之通达政体。”[15]他强调说：“学者须当为有用之学”，明确将《左传》之类史书作为有用之学；他重视总结历代典章制度的演变过程，认为“凡兴废因革，皆当兼考其义之当否，时之升降，事之利害”[16]，只有通过追本溯源，知其利弊，然后可以从政，他称这样治史才是“讲实理、育实才而求实用”[17]。他所著的《历代制度详说》便是这种思想的产物。该书对历代学校、赋役、漕运、盐法、酒禁、钱币、荒政、田制、屯兵、马政、考绩等涉及经济、政治、军事、文化、教育等制度，进行了研究考察，寻求有利于当今国计民生的办法。

五　小　结

吕学以其宏大与包容，为当时及以后的学者所推崇。在当时就有很多年轻学者集结于其门下。当时陈傅良就说：“东莱吕伯恭以经学教授，天下之士靡然从之，而其所居乡诸生能自表见者为多。”[18]不仅如此，吕学不以门户之见，调合诸儒，对于后世的学术也有很大的影响。正如《宋儒学案》里所云：“明招学者，自成公（祖谦）下世，忠公（祖俭）继之，由是递传不替，其与岳麓之泽，并称克世。……而明招诸生。历元至明末绝，四百年文献之所寄也。”[19]吕学在文献综罗基础上重视“考史”“史论”的学术方法，与其讲求“蓄德致用”的历史观结合在一起，构成了他的史学体系。它是宋代义理化学的一个部分，却同时也是宋代义理化史学转变的一个标志。从南宋到明末吕学之余绪绵延四百年而不绝，直到清代考据学兴起，某种程度上仍然可以说是在继承吕学的基础上向着专、精的方向发展，而“言性命必究于史”的传统也被清代浙东诸儒发扬光大。

注　释

［1］刘昭仁：《吕东莱之文学与史学》，文史哲出版社，1986年，113页。

［2］黄宗羲、全祖望：《宋元学案·东莱学案》，中华书局，1986年。

［3］吕祖谦：《东莱别集·与内兄曾提刑》，《续金华丛书》本，艺文印书馆，1973年。

［4］吕祖谦：《东莱别集·与张运使》，《续金华丛书》本，艺文印书馆，1973年。

［5］吕祖谦：《左氏传说》卷五，《文渊阁四库全书》本，上海古籍出版社，1987年。

［6］黄宗羲、全祖望：《宋元学案·东莱学案》，中华书局，1986年。

［7］全祖望：《宋元学案·紫微学案》，中华书局，1986年。

［8］黎靖德：《朱子语类》卷三十二，中华书局，1986年。

［9］吕祖谦：《东莱别集·与朱元晦》，《续金华丛书》本，艺文印书馆，1973年。

[10] 黄宗羲、全祖望:《宋元学案·东莱学案》，中华书局，1986年。
[11] 彭飞:《历代制度详说序》，《文渊阁四库全书总目》，卷一百三十五子部四十五。
[12] 杜维运、黄进兴:《中国史学史论文选集一》，中华书局，1976年，410页。
[13] 吕祖谦:《东莱外集·与叶侍郎正则》，《续金华丛书》本，艺文印书馆，1973年。
[14] 黄宗羲、全祖望:《宋元学案·东莱学案》，中华书局，1986年。
[15] 黄宗羲、全祖望:《宋元学案·东莱学案》，中华书局，1986年。
[16] 吕祖谦:《东莱别集·财赋》，《续金华丛书》本，艺文印书馆，1973年。
[17] 吕祖谦:《东莱集·太学策问》，《文渊阁四库全书》，上海古籍出版社，1987年。
[18] 陈傅良:《何君墓志铭》，《止斋文集》，《四部丛刊景明弘治本》。
[19] 黄宗羲、全祖望:《宋元学案·丽泽诸儒学案》，中华书局，1986年。

（作者单位：宁波博物馆）

宋初两浙市舶司设置考辨

莫意达

市舶司是中国古代管理海外贸易的重要机构。从唐代广州设市舶使到有宋一代正式设立管理机构市舶司，中国古代的市舶贸易管理逐步走向了正规化、常态化和制度化。然，不同于广州市舶司设置有明确的史料记载，两浙市舶司在设置时间上没有确切的史料加以佐证，这也就造成了目前学术界的诸多争论。日本学者藤田丰八认为："若据《宋会要》'端拱二年五月，诏自今商旅出海外番国贩易者须于两浙市舶司陈牒，请官给券以行，违者没入其宝货'来看，则在端拱二年（989年）杭州已有两浙市舶司之设，事甚显然。以广州之例推之，或者在太平兴国三年（978年）吴越纳土的一年就设司了罢。不过据《宋史》本纪太宗雍熙二年（985年）九月已有'禁海贾'之令，则至少内地商舶往海外贸易在禁止之列，因此到端拱二年解放此禁令之后，即在杭州设置市舶司，命往海外贸易者于此陈牒，请官给券亦未可知。由此观之，以端拱二年为两浙创设市舶司的年代，或者庶几近于事实罢。"[1]而施存龙则认为两浙市舶司设置时间应该为太平兴国三年，即吴越纳土当年，理由有四：其一，广州在北宋接管南汉政权当年就设立了市舶司，因此对海外贸易持积极态度的宋朝应当会在接管吴越政权后同样马上设立两浙市舶司，而不是在11年之后。其二，两浙路有传统的重要对外贸易港口，有现实的需要。其三，吴越是和平地纳入宋朝，交接顺利，客观上可能。其四，吴越有博易务机构和工作基础，成立起来不难。总体而言，两浙市舶司设立上限为太平兴国三年，下限为端拱二年。但是无论是那个观点，其着眼点都局限在两浙、海外贸易等微观层面，只是就市舶司本身来讨论、研究两浙市舶司的设置时间问题。如果从太祖、太宗两朝政治、经济、对外政策等多个方面出发，从宏观的角度来剖析和研究，两浙市舶司的设置问题或许能得到些许答案。

一

宋建隆元年（后周显德七年），后周“主少国疑，中外始有推戴之意”，殿前都点检赵匡胤“陈桥兵变”，建立宋朝。登基后的太祖其治国重心主要在国家统一和政权稳固两个方面。

《宋碑类钞》卷一《君范》：“太祖得天下，破上党，取李筠，征维扬，诛李重进，皆一举荡灭。知兵力可用，僭伪可平矣。尝语太宗曰：‘中国自五代以来，兵连祸结，帑廪虚竭，必先取西川，次及荆广江南，则国用富饶矣。今之劲敌，正在契丹。自开运以后，益轻中国，河东正扼两蕃。若遽取河东，便与两蕃接境，莫若且存继元，为我屏翰，俟我完实，取之未晚。’”

跟随周世宗南征北战的宋太祖在充分权衡各方敌对势力之后，认为“当今劲敌，唯在契丹”，且单凭中原地区之人力、财力难以与北方的契丹抗衡而夺取燕云十六州，因此制定了“先南后北”的战略，这一部署也得到了当时为晋王的太宗以及重臣赵普的认同和支持。因此，宋立朝前期在北方边境重要据点配置精兵，对契丹采取防御性的守势。而南方自中唐之后中国经济重心的南移，已经成为富裕之地，物产之富饶、商业之繁荣已非中原地区所能及。同时，相对于北方，南汉等割据政权的军事实力都比较薄弱。

《续资治通鉴长编》（以下简称《长编》）卷六乾德三年三月条：“国初，贡赋悉入左藏库，及取荆、湖，下西蜀，储积充羡。上顾左右曰：‘军旅饥馑，当预为之备，不可临事厚敛于民。’乃于讲武殿后别为内库，以贮金帛，号曰封椿库，凡岁终用度赢余之数皆入焉。”[2]

又，《长编》卷十九太平兴国三年十月乙亥条：“上（太宗）初即位，幸左藏库，视其储积，语宰相曰：‘此金帛如山，用何能尽，先帝每焦心劳虑，以经费为念，何其过也。’……初，太祖别置封椿库，尝密谓近臣曰：‘石晋苟利于己，割幽蓟以赂契丹，使一方之人独陷外境，朕甚悯之。欲俟斯库所蓄满三五十万，即遣使与契丹约，苟能归我土地民庶，则当尽此金帛充其赎直。如曰不可，朕将散滞财，募勇士，俾图攻取耳。’”[3]

先统一南方全境，整合这些独立小王国的军事、财政力量，在“国用富饶”之后向北夺取燕云之地。“先南后北”的策略不仅有助于宋朝后院的稳定，更可“向北”提供丰厚的经济、物力支持。

政权稳定，或者说，保证赵宋皇朝的长治久安，使其不至于成为继梁、唐、晋、汉、周之后的第六代，则是宋太祖需要解决的另一个重大问题。期间，除了收取禁军的控制权、置“二府”和“计相”以分宰相之权外，去除从唐代晚期以来地方“取而代之”的威胁更是重中之重。

《长编》卷二建隆二年七月庚午条：“初，上既诛李筠及重进，一日，召赵普问曰：‘天下自唐季以来，数十年间，帝王凡易八性，战斗不息，生民涂地，其何故也？吾欲息天下之兵，为国家长久计，其道如何？’普曰：‘陛下之言及此，天地人神之福也。此非他故，方镇太重，君弱臣强而已。今所以治之，亦无他奇巧，惟稍夺其权，制其钱谷，收其精兵，则天下自安矣。’语未毕，上曰：‘卿无复言，吾已喻矣。’”[4]

为了解决前代藩镇割据、尾大不掉的局面，宋太祖采取了多种措施：缩小州郡的辖区，削弱地方政府的军事实力，把地方长官一律改为文臣担任，且于长官之外添置通判使其相互牵制等。而其中，收夺藩镇财权则最为急切。

《长编》卷六乾德三年三月条："自唐天宝以来，方镇屯重兵，多以赋入自赡，名曰留使、留州，其上供者鲜矣。五代方镇益强，率令部曲主场院，厚敛以自利。其属三司者，补大吏以临之，输额之外辄入己，或私纳货赂，名曰贡奉，用冀恩赏。上始即位，犹循常制，牧守来朝，皆有贡奉。及赵普为相，劝上革去其弊。是月，申命诸州，度支经费外，凡金帛以助军实，悉送都下，无得占留。时藩镇有阙，稍命文臣权知，所在场务，间遣京朝官廷臣监临，又置转运使通判，为之条禁，文簿渐为精密，由是利归公上而外权削矣。"[5]

"太祖之制，以执其财用之权为最急"，通过京朝官知州府军监事及监临场务、转运使、通判等一系列措施，初步形成了一整套州、路直至中央的体系，在削弱地方财政的同时也为其计划的"先南后北"提供了丰富的物资储备。正如叶适《水心别集》卷十《始议二》云："国家因唐、五季之极弊，收敛藩镇，权归于上，一兵之籍，一财之源，一地之守，皆人主自为之也。欲专大利而无受其大害，遂废人而用法，废官而用吏，禁防纤悉，特与古异，而威柄最为不分。"[6]

广州市舶司是太祖设立的第一个，也是唯一一个市舶司。

《长编》卷十二开宝四年六月壬申条："初置市舶司于广州，以知州潘美、尹崇珂并兼使，通判谢玭兼判官。"[7]这是市舶司首次见于史料，其设置无疑加强了对广州海外贸易的管理，但由此就认为宋初，或者说宋太祖重视海外贸易，这略显牵强。

《旧唐书》卷一百二十七《卢钧传》载："南海有蛮舶之利，珍货辐（辏），旧帅作法兴利以致富，凡为南海者靡不捆载而还。"[8]

又《资治通鉴》卷二百五十三唐僖宗乾符六年，"（黄）巢复上表求广州节度使，上命大臣议之。左仆射于琮以为：'广州市舶宝货所聚，岂可令贼得之！'亦不许，乃议别除官"。

自汉代以来广州海外贸易获利巨大是历朝历代的共识，广州的海外贸易收入是其地方财政最为重要的一部分。基于此，设置市舶司是最为直接、最为简洁的方式。因此，即使从整体上来说两宋非常重视海外贸易，但就广州市舶司的设置来看，这仅仅是宋太祖收归地方财政的表现之一，而不是其重视海外贸易的佐证。

尹崇珂"以谨厚称"[9]，"太宗在周朝娶崇珂妹"[10]。而潘美"太祖遇美素厚"[11]，太祖陈桥兵变之时，"先遣客省使大名潘美见执政谕意"[12]，更是直接参与太祖夺取帝位的整个过程。也就是说，潘美和尹崇珂是宋太祖心腹之人，值得信赖，不用担心重蹈晚唐五代藩镇坐大的覆辙。

开宝四年二月，刘鋹出降，南汉归宋。同年三月壬申，"以南面行营都部署潘美、副部署尹崇珂同知广州"[13]。此后，宋太祖根据既定的"稍夺其权，制其钱谷，收其精兵"的方针，在多个方面对原南汉所统辖的州县进行调整，如开宝四年三月，"乙亥，诏吏部流内铨于唐、邓、随、郢、襄、均、房、复、安、申等州以南及荆湖诸州，选见任令录两考以上，判、司、簿、尉合入令录年五十以下者，移为岭南诸州通判，得携族之官"[14]；五月丙子，"命学士院试广南伪官，取书判稍优者，授上佐、令录、簿尉"[15]等。而其中开宝四年五月"初置市舶司于广州，以知州潘美、尹崇珂并兼使”则是宋太祖收广州地方财政之权最为重要的一步。这似乎是恢复唐末五代市舶“州郡兼领”的旧制，但据《宋会要》：“初于广州置司，以知州为使，通判为判官，及转运使司掌其事。”[16]

而《文献通考》又载：“宋朝艺祖开基，惩五季之乱，藩臣擅有，财赋不归王府。自乾德以后，僭伪略平，始置诸道转运使以总利权。”[17]

具体到广州，则是更进了一步，“丙申，命同知广州潘美、尹崇珂并兼岭南转运使，其原转运使王明为副使，太子中允许九言为判官。转运判官，自九言始也”[18]。也就是说，潘美、尹崇珂集知广州、广州市舶使以及岭南转运使于一身，完全掌控了以海外贸易为主的广州地方财政，实现了“利归公上”的预定目的。

总体而言，太祖立宋初期治国策略是削地方之权以杜藩镇之渐，集南方之国用以除契丹之虎视，而收地方的财政以充实国家则是其重点所在。在这样的大背景下，广州市舶司的设置不应当夸大，其仅仅是太祖收地方财政的一项举措，不能作为其重视海外贸易的标志，更不能由此来推断两浙市舶司应当和广州市舶司一般在吴越纳土后即刻设置。

二

《续资治通鉴长编》卷一七开宝九年，“先皇帝创业垂二十年，事为之防，曲为之制，纪律已定，物有其常，谨当遵承，不敢逾越，兹而臣僚，当体朕心”[19]，虽然晋王赵光义用不太光明的手段在“斧声烛影”中从太祖一脉中夺取了皇权，但是“逆取顺守”，太宗基本上沿用了太祖所定下的治国方略，在太祖的“大纲”之下对剥夺地方权利等各项措施进行了进一步的细化和完善。

太平兴国元年（即开宝九年）十二月甲寅日，改元，“上亲政逾月，特与天下更始，非故事也”[20]。对于即位的皇帝来说，为了体现对“大行皇帝”的尊重，原则上不应该在驾崩当年改元，何况太宗改元之时已是十二月。这样的“非故事”所体现出的是：尽管“谨当遵承，不敢逾越”，太宗还是急于摆脱太祖的影响，尽快地树立自己皇帝的形象，而在此后的朝政大事上太宗更是急于在武功、文治等多个方面证明自己的能力。而太祖亲征北汉的无功而返则为太宗证明自己的军事才能提供了一个极佳的机会。

即位之初，太宗便对齐王廷美言：“太原我必取之”[21]，又“属意戎事，每朝罢，即于便殿或后苑亲阅禁卒，取壮健者隶亲军，罢软老弱，悉分配外州，自是藩卫之士益以精强”[22]，加强了禁军的战斗力，又筑讲武台于城郊之杨村，并在太平兴国二年九月辛亥“大阅，上与文武大臣从官等等台而观”[23]，为用兵北汉做着充分的准备，并在太平兴国四年五月收复太原。然而，平汉的成功让太宗自鸣得意，在“围攻太原累月，馈饷且尽”且“诸将皆不愿行”的情况下一意孤行，欲“伐契丹，取幽蓟”，结果大败而回，颜面尽失[24]。此次失败之后太宗开始意识到宋朝在和契丹蛮夷的交手中不可能占到便宜，自己在武功方面的功绩也许可能以平汉而告终，故而在太平兴国五年北巡之时，虽然有“议者皆言取幽蓟”的舆论，太宗最终还是班师南归，并在此后开始实施虚内实外的策略。太平兴国七年十月癸亥，上初以契丹渝盟来援太原，遂亲征范阳，欲收中国旧地。既而兵连不解，议者多请息民。癸亥，诏缘边诸州军县镇等，各务守境力田，无得阑出边关，侵扰帐族及夺略畜产，所在严加侦逻，违者重论其罪，获羊马、生口并送于塞外。上尝谓近臣曰：“朕每读《老子》至‘佳兵者，不祥之器，圣人不得已而用之’，未尝不三复以为规戒。王者虽以武功克定，终须用文德致治。朕每退朝，不废观书，意欲酌前代成败而行之，以尽损益也。”[25]

从宋对契丹相对消极的防御措施以及太宗对此的一番言论不难看出宋朝对契丹乃至整个治国方略的逐步转变，“用文德致治”将是太宗国家治理的重点。虽然在雍熙三年心有不甘的太宗试图再次在武功方面作一番尝试，然而岐沟关的惨败彻底打消了太宗的念头。淳化四年，上谓侍臣曰：“朕自即位以来，用师讨伐，盖救民于涂炭，若好张皇夸耀，穷极威武，则天下之民几乎磨灭矣！”宰相吕蒙正对曰：“前代征辽，人不堪命。隋炀帝全军陷没，唐太宗躬率群臣运土填堑，身先士卒，终无所济。”上曰：“炀帝昏暗，诚不足语。唐太宗犹如此，何失策之甚也。且治国在乎修德尔，四夷当置之度外。朕往岁既克并、汾，观兵蓟北，方年少气锐，至桑干河，绝流而过，不由桥梁。往则奋锐居先，还乃勒兵殿后，静而思之，亦可为戒。”蒙正曰：“兵者伤人匮财，不可屡动。汉武帝及唐太宗俱英主，然用兵皆不免于悔，为后世非笑。陛下及其未有悔也，而早辩之，较二王岂不远哉。”上曰：“朕每议兴兵，皆不得已，古所谓王师如时雨，盖其义也。今亭障无事，但常修德以怀远，此则清静致治之道也。”蒙正曰：“古者以简易治国者，享祚长久。陛下崇尚清静，实宗社无疆之休也。”[26]

总体而言，自开宝九年（太平兴国元年）登基，太宗在延续太祖总体治国方略的基础上，向北用兵并收复幽云十六州是其主要方略。这一战略在屡受挫折后逐步转变为对契丹的消极防御，并把主要精力放在了对内的治理，而完全放弃对契丹用兵的时间正是在雍熙三年岐沟关的惨败之时。这些治国方略的实施和转变无疑将影响到两浙市舶司的设置。

《十国春秋》：“梁时，江淮道梗，吴越泛海通中国，于是沿海置博易务，听南北贸易。”[27]吴越是唐末钱缪在杭州建立的一个政权，具有今浙江以及江苏的一部分地区，国土狭小、所产入不敷出，迫使其必须把重点放在获利丰厚的对外航海贸易，况且其本身就具有诸多开展海外贸易的优势：拥有海岸线，国内社会相对安定，生产以越窑青瓷为代表的瓷器、丝绸等国际市场抢手的商品，北方登州港功能逐步由商业港转变为军事港，对日新航路的开辟，以明州为代表的传统对外贸易港口以及自中唐以后经济重心的南移等，这些都为吴越开展海外贸易并从中获取巨大财政收入提供了基础。

《旧五代史》卷一百三十三《钱佐传》载：“然航海所入，岁贡百万，王人一至，所遗至广，故朝廷宠之，为群藩之冠。”[28]

又，《宋史》卷三《太祖本纪三》载：“壬戌，钱俶进贺平升州银绢、乳香、吴绫、细锦、钱茶、犀象、香药皆亿万计。”

为了对对外贸易加以管理，吴越国设置博易务[29]，“听南北贸易”，并在中原所辖之山东登州、莱州等地设置“两浙回易务”[30]。但是由于史料的缺乏，对博易务的职掌等内容没有明确的定论，只能从《唐律疏议》中关于“博易”的定义加以推断，至于唐代时期由沿海地方长官兼管的“籍其名物，纳舶物，禁珍异”等一系列海外贸易管理等内容是否划归博易务，或者，博易务仅仅是官方管理的“设市区，令蛮夷来贡者为市，稍收利入官”[31]“听南北贸易”的“市”，这些都需要研究确定。在史料缺乏的前提下，直接将博易务看做是对外贸易的管理机构，以及进一步认为是市舶司的雏形，是不妥当的。

太平兴国三年五月，吴越王钱俶纳土归宋。而就在一年前，即太平兴国二年五月，“命起居舍人辛仲甫使于契丹，右赞善大夫穆被副之。仲甫至境上，闻朝廷议兴师伐契丹，实依契丹为援，迟留未敢进，飞奏竢报，有诏遣行”[32]。虽然被看做是“谣传”，但这无疑也是太宗北伐的信号。而为了使北伐有稳定的后方，太宗在吴越纳土后对原吴越国所辖地区进行了一系列的部署：

《长编》卷十九太宗太平兴国三年五月，命考功郎中范旻权知两浙诸州事；左赞善大夫侯陶、著作佐郎崔继宗简约两浙诸州钱帛；刑部郎中杨克让充两浙西南路转运输，宗正丞赵齐副之；祠部郎中河南刘保勋充两浙东北路转运使，右拾遗郑骧副之；右卫将军太原侯赟按行两浙诸州军储刍茭、糧廪；左赞善大夫孟贻孙通判两浙事[33]。

遣官员担任转运使等职务，直接掌管两浙钱粮等，在控制两浙的同时为北伐筹集财力。

丁亥，徙封钱俶为淮海国王，以其子镇海镇东节度使惟濬为淮南节度使、奉国节度使惟治为镇国节度使，平江节度使孙承佑为泰宁节度使，威武节度使沈承礼为安化节度使，浙江西道盐铁副使崔仁冀为淮南节度副使[34]。

将吴越王钱氏主要人员改封他处，削弱其对两浙的影响，为全面控制两浙扫清障碍。

诏两浙发淮海王俶缌麻以上亲及管内官吏悉归阙，凡舟千四十四艘，所过兵护送之[35]。

将两浙管内所有官吏送到京师，并以宋朝建国以来置转运使、京朝官知州府军监事等一整套模式重新管理两浙，这就完全瓦解了吴越国统治的基础。

就在这一系列措施之后的第二年，即太平兴国四年的春天，太宗就发动了对北汉的战争。从以上种种措施可以看出，“斧声烛影”对当时的太宗来说还是有着非常大的压力，他非常迫切地想用一场战争来证明自己的能力，削弱甚至消除这一影响。

对两浙，必须以最快的速度、最简便且最行之有效的方法加以管理。在这样一个仓促备战的气氛下，虽然有丰厚收益但回报周期长的海外贸易是不可能得到太宗以及两浙官员的关注。此外，与南汉“伪署官仍旧”[36]不同，吴越“管内官吏悉归阙”，不论吴越国的博易务在纳土后是否依然存在，但其官吏已涤荡一清，已经没有了一些学者认为的“已有吴越国博易务机构和工作基础”。就此而言，两浙市舶司在吴越纳土后成立的可能不大。

太宗初年基本上承袭了太祖治国策略，“谨当遵承，不敢逾越”。同样，对海外贸易他也不可能直接从太祖的不重视转变为重视。考虑到太宗迫切地对北方用兵，故他在太平兴国直至雍熙年间对海外贸易采取了消极的态度，特别是传统上贸易对象为北方的朝鲜半岛和日本群岛的两浙之明州、杭州等港口（图一）。

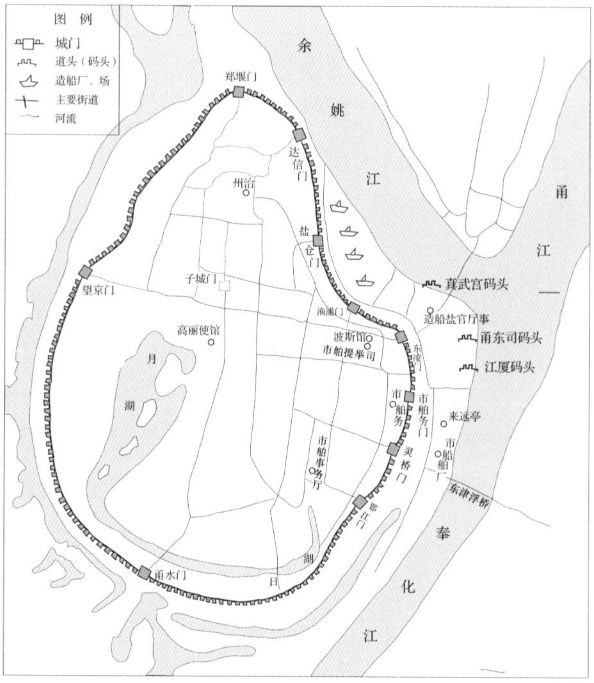

图一　宋明州（庆元）码头分布图

五代时期，吴越主要采用的是派遣使节前往海外诸国，以官方贸易为主要方式。根据《日中文化交流史》统计，吴越派往日本的使臣有：朱雀承平五年九月，蒋承勋献羊数头，十二月，交易唐物使藏人藏原亲至太宰府，验收蒋承勋带来的货物；六年七月十三日，太宰府报告吴越人蒋承勋、季盈张达到，承勋此行似负有吴越王使命；八月二日，左大臣藤原忠平有书赠吴越王；朱雀天庆元年七月二十一日，太宰府呈献中国客商所献羊二头；八月二十三日，以太宰府布赐蒋承勋；八年七月二十一五日，太宰府报告吴越客商蒋衮、俞仁秀、张文过等百余人来到肥前松浦郡柏岛；村上天庆元年，蒋衮以吴越王使者的身份又至日本；七年，蒋承勋以吴越王使者的身份再至日本；村上天德元年七月二十一日，吴越国持礼使盛德言至日本；三年正月十二日，吴越国持礼使盛德言再至日本。

而在吴越纳土之后，这一以官方主导的海外贸易荡然无存，这和太宗将重心放在北伐而忽视海外贸易有着直接的关系。

而据《宋会要》职官四四之一：“太平兴国初，京师置榷易院，乃诏诸番国香药宝货至广州、交趾、泉州、两浙非出于官库者不得私相市易。”[37]

“太宗太平兴国元年五月，诏敢与蕃客货易，计其直满一百文以上量科其罪，过十五千以上黥面配海岛，过次数者押送付阙，妇人犯者配充针工。”[38]

太宗一方面加强了官方的专卖，另一方面打击走私贸易，这对刚刚纳土、以官方贸易为主导的两浙来说，实际上就是打击限制海外贸易。

又《宋史》卷五《太宗本纪二》：“（雍熙二年九月）己巳，禁海贾。”[39]许多学者对于《宋史》的这一史料报怀疑的态度，认为对海外贸易的宋朝不应该有“海禁”。但是，如果将之与《长编》卷二十七太宗雍熙三年正月戊寅记载相比较：

先是，知雄州贺令图与其父岳州刺史怀浦及文思使薛继昭、军器库使刘文裕、崇义副使侯莫陈利用等相继上言：“自国家伐太原，而契丹渝盟，发兵以援，非天威兵力决而取之，河东之师几为迁延之役。且契丹主年幼，国事决于其母，其大将军韩德让宠幸用事，国人疾之，请乘其衅以取幽州。”上遂以令图等言为然，始有意北伐[40]。

所谓“先是”，必然是在雍熙二年，而雍熙二年九月的“禁海贾”实际上是为了配合雍熙三年的对契丹战争[41]。

此外，即使是在宋朝积极开展海外贸易的时候，对北上高丽、新罗等地贸易一直有着严格的限制。

仁宗时期颁布的《庆历编敕》和《嘉祐编敕》都强调：“客旅于海路商贩者，不得往高丽、新罗及登、莱州界。若往余州，并须于发地州、军，先经官司投状，开坐所载行货名件，欲往某州、军出卖。许召本土有物力居民三名，结罪保明，委不夹带违禁及堪造军器物色，不至过越所禁地分。官司即为出给公凭。如有违条约及海船无公凭，许诸色人告捉，船物并没官，仍估物价钱，支一半与告人充赏，犯人科违制之罪。”[42]

而这样的规定虽然在不同的时期宽严不等，但是一直存在，更何况是在剑指契丹的太宗时期。

太宗对海外贸易态度的转变是在雍熙三年。这一年岐沟关的惨败彻底打消了太宗“伐契丹，取幽蓟”的想法，转而将治国重心放在了国内治理上，而通过海外贸易获取丰厚的财政收入是其关注点之一。

雍熙四年五月，遣内侍八人赍敕书金帛分四纲各往海南诸番国，勾招进奉博买香药、犀牙、真珠、龙脑，每纲赍空名诏书三道，于所至处赐之[43]。

这是宋朝首次主动派遣官吏前往海外，这不仅是太宗治国方略由对外转向对内、由武功转向文治的标志之一，也预示着宋朝终于从太祖立国之初一直延续的、对海外贸易的消极态度转变为积极。此一背景之下，作为拥有明州、杭州的两浙设置市舶司是必然的举措，而《宋会要》记载的“端拱二年五月，诏自今商旅出海外番国贩易者须于两浙市舶司陈牒，请官给券以行，违者没入其宝货”也就显得顺理成章（图二）。

图二　宋市舶城门段考古发掘现场

三

而通过以上对太祖、太宗治国方略之分析，关于两浙市舶司的设置时间当有一个比较清晰的认识。太祖立宋，对内夺取地方财政、军事、人事等权利而归中央，努力改变唐末五代以来方镇太重的弊端，使宋朝避免了五代之后的“第六朝”；对外则是采取“先南后北”的策略，逐步平定南方诸多割据政权，在稳定后方的同时集南方诸国之财力、人力、物力以谋北方之北汉、幽云乃至契丹。在这一背景之下，作为太祖时期设置的宋朝唯一一个市舶司——广州市舶司，从太祖对市舶司官员的任命、转运使的设置等诸多方面来看，仅仅是太祖收归广州这一海外贸易特别发达地区地方财政的一项举措，而不能认为是其重视海外贸易的表现，更不能将其和两浙市舶司对比并认为两浙市舶司应当和广州市舶司类似，在吴越纳土后的太平兴国三年即刻设置。

太宗“逆取顺守”，基本延续了太祖的治国策略，并未对海外贸易加以重视。更为重要的是其急于对北用兵以证明其不遑乃兄之心态，力图通过取太原、复幽蓟、伐契丹来摆脱“斧声烛影”的舆论压力。这就导致吴越纳土之后太宗以“管内官吏悉归阙”等最为简便的方式管理、控制两浙地区。涤荡之余，吴越时期的博易务已经不可能对两浙市舶司的设置有多大之帮助了。同时，为了配合对北用兵，太宗不仅不可能像吴越国那样开展官方海外贸易，反而是控制、削弱两浙地区的海上贸易，乃至出现了“禁海贾”的极端措施。因此，在太宗完全放弃北伐之前，两浙市舶司的设置几乎是不可能的。

雍熙三年岐沟关的惨败是太宗治国方略转变的转折点，同时也是其对海外贸易态度转变的关键点，雍熙四年“遣内侍往海南诸番国”是宋朝开始重视海外贸易的关键性事件，而作为海外贸易的重要地区，两浙必定是其关注的焦点。因此，如果将端拱二年五月作为下限，那么两浙市舶司的设置时间应当在雍熙四年、端拱元年、端拱二年这三年之内，不可能在太平兴国三年。

注　释

[1]〔日〕藤田丰收八著、魏重庆译：《宋代之市舶司与市舶条例》，上海商务印书馆，1936年。

[2]（宋）李焘：《续资治通鉴长编》卷六乾德三年三月

条，中华书局点校本，1977年，150页。
[3]（宋）李焘：《续资治通鉴长编》卷十九太平兴国三年九月乙亥条，中华书局点校本，1977年，436页。
[4]（宋）李焘：《续资治通鉴长编》卷二建隆二年七月庚午条，中华书局点校本，49页。
[5]（宋）李焘：《续资治通鉴长编》卷六乾德三年三月，中华书局点校本，436页。
[6]（宋）叶适：《水心别集》卷十，中华书局《叶适集》点校本，1961年，759页。
[7]（宋）李焘：《续资治通鉴长编》卷十二开宝四年六月壬申条，中华书局点校本，226页。
[8]（后晋）刘昫：《旧唐书》卷一百二十七《卢钧传》，中华书局点校本，1975年，4519页。
[9] 脱脱等：《宋史》卷二五九《尹崇珂传》，中华书局，1977年，9001页。
[10] 脱脱等：《宋史》卷二五九《尹崇珂传》，中华书局，1977年，9001页。
[11] 脱脱等：《宋史》卷二五八《潘美传》，中华书局，1977年，8991页
[12]（宋）李焘：《续资治通鉴长编》卷一建隆元年正月癸卯条，中华书局点校本，3页。
[13]（宋）李焘：《续资治通鉴长编》卷十二开宝四年三月壬申条，中华书局点校本，263页。
[14]（宋）李焘：《续资治通鉴长编》卷十二开宝四年三月乙亥条，中华书局点校本，263页。
[15]（宋）李焘：《续资治通鉴长编》卷十二开宝四年吾月丙子条，中华书局点校本，266页。
[16]（清）徐松辑：《宋会要辑稿》职官四四之一，中华书局，1957年。
[17]（元）马端临：《文献通考》卷六十一《职官考十五》，中华书局，1986年。
[18]（宋）李焘：《续资治通鉴长编》卷十三开宝五年八月丙申条，中华书局点校本，288页。
[19]（宋）李焘：《续资治通鉴长编》卷一七开宝九年十月乙卯条，中华书局点校本，382页。
[20]（宋）李焘：《续资治通鉴长编》卷一七太平兴国元年十二月甲寅条，中华书局点校本，387页。
[21]（宋）李焘：《续资治通鉴长编》卷二〇太平兴国四年正月丁亥条，中华书局点校本，442页。
[22]（宋）李焘：《续资治通鉴长编》卷一八太平兴国二年九月丁未条，中华书局点校本，412页。
[23]（宋）李焘：《续资治通鉴长编》卷一八太平兴国二年九月辛亥条，中华书局点校本，413页。
[24]（宋）李焘：《续资治通鉴长编》卷二〇太平兴国四年五月丁未条，中华书局点校本，453、454页。
[25]（宋）李焘：《续资治通鉴长编》卷二三太平兴国七年十月癸亥条，中华书局点校本，528页。
[26]（宋）李焘：《续资治通鉴长编》卷三四淳化四年十一月甲寅条，中华书局点校本，758、759页。
[27]（清）吴任臣：《十国春秋》卷一百十五，中华书局点校本，1983年，1734页。
[28]（宋）薛居正：《旧五代史》卷一三三《钱佐传》，中华书局点校本，1976年，1773页。
[29] 对于博易务的性质问题，施存龙、方祖猷等学者认为“是当时海上内外贸易兼管双重任务的机构”，但笔者认为从当时吴越国来看中原以及其他政权就是“外国”，因此不妨就此将其看做“海上对外贸易的机构”。
[30]（宋）薛居正：《旧五代史》卷一百七《刘诛传》，中华书局点校本，1976年，1415页。
[31]（清）顾炎武：《天下郡国利病书》，《交趾·西南夷备录》，四部丛刊本。
[32]（宋）李焘：《续资治通鉴长编》卷十八太平兴国二年五月庚午条，中华书局点校本，405页。
[33]（宋）李焘：《续资治通鉴长编》卷十九太平兴国三年五月丙辰条，中华书局点校本，428页。

[34]（宋）李焘：《续资治通鉴长编》卷十九太平兴国三年五月丁亥条，中华书局点校本，428页。

[35]（宋）李焘：《续资治通鉴长编》卷十九太平兴国三年八月丙辰条，中华书局点校本，433页。

[36]（宋）李焘：《续资治通鉴长编》卷十二开宝四年二月辛卯条，中华书局点校本，261页。

[37]（清）徐松辑：《宋会要辑稿》职官四四之一，中华书局，1957年。

[38]（清）徐松辑：《宋会要辑稿》职官四四之一，中华书局，1957年。

[39]《宋史》卷五《太宗本纪二》，67页。

[40]（宋）李焘：《续资治通鉴长编》卷二十七雍熙三年正月戊寅条，602页。

[41]《宋史》并未详细说明禁止的范围，但笔者认为主要针对的是两浙地区，不应当包含广州等主要面向南海的贸易港口。

[42]（宋）苏轼：《苏轼文集》卷三十一，中华书局点校本，1986年，889页。

[43]（清）徐松辑：《宋会要辑稿》职官四四之二，中华书局，1957年。

（作者单位：宁波博物馆）

“羽人竞渡纹铜钺”与古代浙江越族海洋文化精神解读

徐爱军

古时中原人泛称南方民族为“越”“蛮”，北方民族为“胡”“狄”，东方民族为“夷”，西方民族为“戎”。

越族是我国一个古老的民族，最早称为“于越”。周成王二十四年（前11世纪），战国时的古籍《竹书纪年》中出现了“于越来宾”四个字的记载，这是越族第一次进入历史记载的开始。史书称夏王少康分封他的少子无余去于越（今浙江省绍兴），以祀奉祖先大禹的陵墓，这就是越国的启端。可见，文献记载的越国中心最早起源于浙江省。

而根据目前考古学的证据，距今7000年的浙江宁波余姚的“河姆渡文化”，是最早的古越族文化。

在远古时期，由于气候剧烈变化，地球曾经发生过三次大规模的海水侵袭。最后一次海侵在7000年至6000年前达到最高峰，海平面上升了100多米，我国东海海域内伸到今浙江省杭嘉湖平原西部和宁绍平原南部。

海侵的过程，也是宁绍平原自然环境恶化的过程，舟山丘陵早已和大陆分离成为群岛，而宁绍平原的土壤迅速盐渍化，人们的水稻种植，从连年减产直到没有收成，宁绍平原先民发生部族历史中的大规模迁移。迁移路线有三条：一部分越过钱塘江进入今浙江西部和江苏南部的丘陵区；另一部分逐渐向南部丘陵区转移；还有一部分迁到浅海中的岛屿。

越过钱塘江进入浙西与苏南丘陵地区的部族，

就是以后的马家浜文化（遗址在浙江嘉兴市）、崧泽文化（遗址在上海市）和良渚文化（遗址在杭州市）的创造者，即历史上所称的“句吴”。专家认为句吴和于越是一族两国，古籍文献也多次提到吴、越习俗相同。《吴越春秋》说：“吴与越，同音共律，上合星宿，下共一理”，《吕氏春秋・知化篇》则说：“吴之与越也，接土邻境壤，交通属，习俗同，语言通。”

留在宁绍平原的先民，大多数不断向高程较大的南部迁移，河姆渡遗址即是他们进入会稽、四明山地以前的最后一批聚落之一。后来，海侵也将河姆渡淹没于浅海之中。河姆渡人继续转移进入会稽、四明山区，山区的水土资源无法与宁绍平原相比，使这个部族的发展受到很大的限制，这或许就是部族在以后几千年中发展缓慢的主要原因[1]。

海退以后，宁绍平原成为一片泥泞的沼泽，而一日两度的潮汐，也使这片沼泽盐碱地的利用十分困难，河姆渡文化文明因海侵便衰落了。

在距河姆渡西边100多千米远的杭州，接着兴起了“良渚文化”。“良渚文化”是分布于环太湖地区一支著名的史前考古学文化，距今5300～4000年。良渚遗址是良渚文化的中心遗址和文化命名地，位于杭州市余杭区的良渚、瓶窑两镇。1986年，良渚反山遗址先被发现，发掘出11座大型墓葬，有陶器、石器、象牙及嵌玉漆器1200多件。至今，各地发现的良渚文化遗址达100多处，有村落、墓地、祭坛等各种遗存，良渚文化文明势力曾影响半个中国。

在良渚文化晚期至夏朝初期，距今4000年时，从传说中可见人类又进入了洪水泛滥时期，这个时期中国华夏民族传说出了一个治水英雄大禹，与洪水作斗争。

大禹治水13年，耗尽心血与体力，终于完成了这件名垂青史的大业，为中国第一个朝代夏朝的建立奠定了基础。《史记・夏本纪》写到大禹“东巡狩，至于会稽而崩”。说他到东方视察，到会稽这个地方逝世了并安葬于此。会稽就是今天的绍兴，传说因为大禹在这里会集诸侯统计治水功劳，进行表彰，所以把这里叫做会稽，“会稽者，会计也”。后来，大禹的第六代孙夏王少康封庶子无余于越，祀奉大禹的墓，“于越”由此开始成为越族的最早称呼。

春秋晚期至战国前期，越族曾在今江浙一带建立强大的越国，该国传至勾践（前496年～前464年）的时候，他试着向北扩张，曾经沿着江苏的海岸北上胶州湾，前473年，越国灭吴国后，势力范围一度北达江苏，南入闽台，东濒东海，西达皖南、赣东，雄踞东南，与当时中原国家会盟，雄视江淮地区，号称“霸主”。

越国共传8代，历160多年。楚怀王二十三年（前306年），楚国趁越内乱的时候，联合齐国进攻越国，占领越国，并设江东为郡。越国因此分崩离析，残部逃往越国故地，各族子弟们竞争权位，有的称王，有的称君，居住在长江南部的沿海,开始形成许多小方国，称为“百越”。

至迟在汉朝初期，百越族已经逐渐形成几个较强盛而明显的部分，即东瓯、闽越、南越、西瓯以及“雒越”（骆越）、滇越。

综上所述，越文化是一部7000年厚重的古书，要读懂这部古书内涵，我们必须寻找到一把“钥匙”。这把“钥匙”就在宁波博物馆，是一件战国时期的羽人竞渡纹铜钺，集中体现了越族文化的内涵（图一）。

羽人竞渡纹铜钺于1976年在浙江省宁波市鄞县云龙镇甲村石秃山的一座墓中出土。金黄色，高9.8、刃宽12.1厘米，锋利如新。器身一面光洁没有纹饰，另一面沿器身四周铸刻了一个“风”字形边

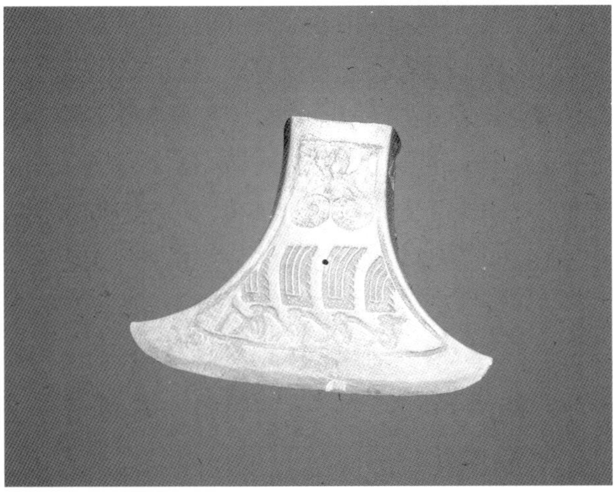

图一　战国时期的羽人竞渡纹铜钺

框，上方刻了两条竖立的龙，双龙昂首相对，前肢弯曲，尾向内卷；下方以弧形边框线为舟，舟上坐四人成一排，四人都戴高高的羽毛头冠，双手持桨奋力划船，头冠上的羽毛迎风飘扬。

钺是由新石器时期的带柄穿孔石斧加大刃部演变而来的，加大刃部后更便于砍伐。最初玉石材质的钺写作“戉”，后来金属材质的才写作“钺”。这种器物逐步由砍伐实用变成象征握有生杀王权。它往往作为军事的令牌、王者的权杖来使用。这件羽人竞渡纹铜钺，体积太小，不像作战实用武器，也没有实用痕迹，应该是代表王权、王法的器物。在甲骨文中，“王”字的写法，底下一横像“戉”刃部向上弯，实际上就是“戉”的正面图形，说明所谓“王”者，就是握有主刑杀之斧钺大权的人。

有意思的是，越国的“越”，古字也写作“戉”。近年湖北江陵出土的越王剑，剑体后部错金鸟篆铭文：“戉王州句自作用剑”，意为越国国王州句自己制作、使用的剑。春秋时的“戉王钟”“戉王矛”“戉王戈”均未写作“越”而是写作“戉”。20世纪30年代卫聚贤在《吴越释名》一文中也指出：“越即钺字，为斧钺之钺。”

从距今4000多年的杭州良渚文化遗址出土文物来看，“钺”很早就演变为一种礼器，是统帅武力、握有生杀予夺大权的象征。学者邢公畹在《汉藏语系研究和中国考古学》中说：“卜辞‘戉’用作方国名，金文吴越的‘越’只写作‘戉’，可知越人称‘越’，就因为他们创造了‘钺’。春秋战国间越人曾建立强大的越国。”学者黄伟城在《古越地望刍议》中说：“‘戉’方国是以兵器戉为氏族徽号而用作国号之称的方国，实为夏部落中擅长制造‘戉’这种兵器的一支。氏族部落时代，族徽图腾除了用太阳及动物、植物之外，尚不乏以其所擅长的手工工艺而命氏命族之例证，即所谓‘以工命姓’者……戉本是石斧的一种，到了青铜时代和铁器时代则以金属制造而写作‘钺’。武王伐纣入朝歌，斩纣之嬖妾二女以‘玄钺’，此玄钺恐非铁钺而是黑色的石戉。”

春秋时越国的区域，《国语·越语上》记述：“南至于勾无（今浙江诸暨县南与义乌交界区），北至于御儿（今浙江省桐乡县西南崇福镇一带，现有女儿乡旧址），东至于鄞（今宁波），西至于姑蔑（今浙江省衢州、东阳与龙游等地）。”可见，宁波先民属越人，《艺文类聚》说，周成王时“于越献舟”，这说明，于越的特产是船，早在距今3000多年前，就将船作为贡品献给周王室。

《越绝书》记载越王句践曾经对孔子评价越人的特点：“夫越性脆而愚，水行而山处，以船为车，以楫为马，往若飘风，去则难从，锐兵任死，越之常性也。”意思是说：越民族的人性格刚硬而孤僻，在水上航行，在山上居住，把船当做车，把桨当做马，出发时像乘风一样飞快飘去，要回去就难借风了，他们身佩锋利的兵器勇敢不怕死，这是越人通常的性格。而这，也说明了宁波先民的生活和个性。宋代大儒宁波籍人王应麟在《四明七观》

中描绘宁波民风时说："其民复存大禹卓苦勤劳之风，同勾践坚确慷慨之志，力作治生，绰然足以自理。"王应麟认为宁波人具有大禹那种能吃大苦、耐大劳的精神，以及越王勾践那种坚定信心、斗志激昂的志向，努力劳作生产，生活宽裕而足够自己解决问题。

铜钺上的"羽人"，反映了百越民族的"鸟神"崇拜。越民族崇拜鸟，自称"大越鸟语之人"。7000年前的河姆渡遗址出土的陶鸟形盉、鸟形象牙匕、"双鸟异日"象牙雕刻蝶形器、鹰形陶豆（图二），均反映了越人对鸟的尊崇。从河姆渡文化到良渚文化，一江相望，千年之隔，其一脉相承的文化基因是：鸟图像符号始终处于原始艺术创作的核心位置。良渚文化墓地中，共出土了五件圆雕的玉鸟，反映出良渚文化和河姆渡文化的先民一样，崇拜鸟，他们都是越族的祖先，可见越族对鸟的崇拜一直不断。

图二　河姆渡遗址出土的鹰形陶豆

越人因崇鸟、尊鸟而仿鸟。《史记·越王勾践世家》中，勾践被称为"长颈鸟喙"的模样；东汉赵晔撰的《吴越春秋》讲述继承越王事业者，作"鸟禽呼"；许多越王刀剑，都刻有"鸟篆文"。而那些头插羽毛、身披羽毛的仿鸟人，则被称为"羽人"。关于羽人、羽人国的记载与传说，《山海经》是古籍中最早提到"羽人"的著作。如其中的《大荒南经》记载："有羽人之国，其人皆生羽"；《海外南经》载："海外有西南陬至东南陬者……羽民国在东南，其人为长头，身生羽。"

羽人竞渡纹铜钺，在"羽人"上方有两条龙，让人想起今天的民俗"赛龙舟"。越人地处水乡泽国，出行多驾舟，以舟代车。《吕氏春秋·贵因篇》载："如秦者，立而至，有车也。如越者，坐而至，有舟也。"有学者指出现今的龙舟演变自古越的独木舟，因为古越的独木舟是以蛟龙为图腾的。南朝时的《述异记》中叙述："吴王夫差作天池，池中有龙舟，日与西施戏水。"说明龙舟在春秋时已出现于吴越之地。

综合来讲，这件羽人竞渡纹铜钺，集中反映了越文化的内涵。同时，羽人竞渡纹铜钺充分表现了越族先民龙腾虎跃、劈波飞渡的奋发进取精神，羽人竞渡纹堪称浙江古代越族海洋文化的标志。

注　释

［1］陈桥驿：《越族的发展与流散》，《东南文化》1989年第6期。

（作者单位：宁波博物馆）

吴晋堆塑罐龟趺碑刍议

许建青

一　吴晋堆塑罐及其研究现状

堆塑罐是古代陪葬用的明器之一。它出现于东汉时期，多数学者认为最初是以五联罐的形制出现的（图一）。到了吴晋时期，堆塑罐形制发生了较大变化，在主体罐中间出现了明显的凸棱，将其分为上下两层，上层堆塑门阙楼阁、仙佛人像、飞鸟异兽、乐伎杂耍等题材，下层罐的颈腹间也有一些堆贴塑内容（图二）。西晋以后此类器型的堆塑罐逐渐消失。

由于堆塑罐造型独特，堆贴塑内容丰富，对于研究当时的丧葬制度和社会生活的各个方面具有相当重要的意义，所以引起了广大陶瓷研究者的注意和重视。到目前为止，对于吴晋堆塑罐的研究涉及

图一　三国越窑青瓷五联罐

（浙江省博物馆藏）

图二　西晋越窑青瓷堆塑罐

（浙江省慈溪市博物馆藏）

多个方面，包括对具体堆塑物的研究，对其名称研究、属性研究、功能研究、宗教学研究等方面，并且取得了一定的成绩。但因为堆塑罐这种器物形制比较复杂，涉及内容广泛，所以，还有很多问题存在分歧和争议，有待研究解决。

笔者在参阅各种堆塑罐研究资料的过程中，注意到了一类比较特殊的堆塑罐，其特殊性体现在罐体平台上(也有个别在罐体颈腹部)堆塑有龟趺碑，其上刻有铭文。这些铭文是存在于堆塑罐上，可以最直接地传递堆塑罐信息的文字资料之一，因而对其进行较详细地研究探讨，对于解决堆塑罐研究领域内的一些分歧和争议应该有一定帮助。目前学术界对于此类龟趺碑的研究，基本上还处于空白，很少有学者对此做详细的研究和探讨。因此，本文将着重就吴晋墓葬出土的堆塑罐龟趺碑做初步的探讨。

二　龟趺碑简介

龟趺碑始于汉，最初是以墓碑形式出现的。“趺”，在《现代汉语词典》里的意思是碑下的石座，龟趺，就是刻成龟形的碑座。汉代墓碑的龟趺座顶上有一个榫槽，槽内一般插有石碑，石碑顶端（又称碑额或碑首）如果是尖形，称圭首碑；如果是圆弧形或半圆形，称圆首碑；顶端如果是方形，称方首碑或平首碑 。

堆塑罐上出现龟趺碑始于吴，其龟趺碑无论是碑额、形制，还是铭文，都是模拟汉碑样式而来。其碑文对制造年代、地点或功用等表述明确，较有研究价值，且极为稀少，是同类器物中比较珍贵者。

龟趺碑一般堆塑在罐体平台上沿两阙中间，所堆塑楼阁的前方中间部位（图三、图四）。也有个别则在堆塑楼阁的侧面，如上虞市文物管理所收藏的一件堆塑罐（图五）。还有些堆塑罐，塑有两块龟趺碑（图六），置于两阙之间，或分立阙门两旁。碑首形状主要为圭首形。

从堆塑罐研究材料和图片来看，堆塑罐龟趺碑的制作流程应该是先由制瓷工匠模制或捏塑出龟趺座和圭首碑，然后将两者粘接在一起，上釉以后入

图三　西晋越窑青瓷堆塑罐

（江苏省吴县文物管理委员会藏）

图四　西晋越窑青瓷堆塑罐局部
（浙江省博物馆藏）

图五　西晋越窑青瓷堆塑罐
（浙江省上虞市文物管理所藏）

窑烧制而成。至于龟趺碑上的铭文，有可能是用尖状工具刻上去的。有些堆塑罐龟趺碑由于尺寸小，所刻字相对也比较小而紧凑，且刻划文字时用力不够，刻痕较浅，加上施釉时，釉层明显偏厚，所以

图六　三国越窑青瓷堆塑罐
（浙江省嵊县文物管理委员会藏）

将部分文字遮盖起来，导致辨认出现困难。但还是有一些制作比较精良的龟趺碑，仔细辨认，基本上能认出所有文字，比如现藏于故宫博物院和越国文化博物馆的堆塑罐龟趺碑，其碑上文字相对比较清楚。

三　龟趺碑上的铭文

因为学术界对堆塑罐龟趺碑的研究还相对缺乏，研究资料比较少，加上笔者能力有限，目前搜集到的堆塑罐龟趺碑为数不多，对于其上铭文，只能做一下初步整理，待以后有时间和条件再做充实。

堆塑罐龟趺碑大多呈圭首形，铭文一般分两部分，碑额三角地带为一部分，往往用一条横线与下面的碑身隔开，写明制造地点或时间。碑身部分如果字数多，则用竖线将碑身分为两或三行，然后按从右到左的顺序刻上铭文（图七）。有些制作比较粗糙的龟趺碑则没有清晰的分界线（图八）。

图七　西晋越窑青瓷堆塑罐细部

（浙江省绍兴柯桥区博物馆藏）

图八　西晋越窑青瓷堆塑罐细部

（江苏省吴县文物管理委员会藏）

总体来讲，笔者目前搜集到的龟趺碑铭文可以分为以下几类：

类型一：制造时间+吉祥语，如北京故宫博物院藏的永安三年堆塑罐上就刻有“永安三年时富且洋（祥）宜公卿多子孙寿命长千意（亿）万岁未见英（央）”的铭文。

类型二：制造地点+吉祥语，如现藏于越国文化博物馆的堆塑罐龟趺碑上刻有“会稽出始宁用此丧葬宜子孙做吏高迁众无极”的铭文。

类型三：制造时间+制造地点。如浙江省博物馆收藏着刻有铭文“元康元年八月二日会稽上虞”的堆塑罐。

类型四：制造时间+制造地点+吉祥语。如出土于江苏吴县狮子山三号墓的堆塑罐上刻着“元康出始宁用此囗宜子孙作吏高迁众无极”的铭文。

类型五：“再福”+制造地点+吉祥语。如1982年出土于江苏省吴县何山的堆塑罐上，有“再福出始宁用此囗宜子孙作吏高迁众无极”的铭文。

类型六：“位”+制造时间+官职+吉祥语，如南京市博物馆藏有三国孙吴时期的一个堆塑罐，其龟趺碑上刻有“位凤凰元年立长沙太守囗州刺使宜孙子”铭文。

类型七：“位”+官职+吉祥语，如浙江省绍兴县上蒋乡曾出土一个堆塑罐，上有铭文“位长沙太守囗州刺史宜孙”。

类型八：官职+吉祥语，如台湾历史博物馆藏有一个堆塑罐，其上铭文为“长沙大（太）守兖州刺史宜孙”。

现将以上类型制作成表一：

表一　龟趺碑铭文一览表

序号	出土时间	出土地点	器物时代	收藏地（者）	所刻铭文	所属类型
1	1939年	浙江绍兴县	吴永安三年	北京故宫博物院	永安三年时富且洋（祥）宜公卿多子孙寿命长千意（亿）万岁未见英（央）[1]	类型一
2	1982年	浙江绍兴南池乡	西晋		会稽出始宁用此口宜子孙作吏高迁众无极[2]	类型二
3	1987年	浙江绍兴县鉴湖镇	西晋	越国文化博物馆	会稽出始宁用此丧葬宜子孙做吏高迁众无极[3]	类型二
4				罗振玉先生曾经收藏	会稽出始宁用此丧葬宜子孙作吏高迁众无极[4]	类型二
5		浙江上虞龙山	吴		会稽出始宁用此丧葬宜子孙作吏高迁众无极[5]	类型二
6		江苏吴县狮子山4号墓			会稽出始宁用此丧葬宜子孙作吏高迁众无极[6]	类型二
7				深圳玺宝楼青瓷博物馆	会稽出始宁用此丧葬宜子孙作吏高迁众无极[7]	类型二
8				大阪市立东洋陶瓷美术馆	会稽出始宁用此丧葬宜子孙作吏高迁众无极[8]	类型二
9	1985年	浙江嵊县石璜镇苔苔山	西晋太康九年	嵊州市文物管理委员会	出始宁用此丧葬宜子孙作吏高迁众无极[9]	类型二
10	1966年	浙江平阳县鳌江	西晋元康元年	浙江省博物馆	元康元年八月二日会稽上虞[10]	类型三
11	1976年	江苏吴县狮子山2号墓	西晋元康二年		元康二年闰月十九日超（造）会稽[11]	类型三
12		浙江余姚郑巷五联克山	西晋	余姚博物馆	元康四年九月九日越州会稽[12]	类型三
13		江苏吴县狮子山3号墓	西晋		元康出始宁用此口宜子孙作吏高迁众无极[13]	类型四
14	1980年	江苏吴县何山			再福出始宁用此口宜子孙作吏高迁众无极[14]	类型五
15	1993年	江苏南京市江宁县下坊村	东吴	南京市博物馆	位凤凰元年立长沙太守口州刺使宜孙子[15]	类型六
16		浙江绍兴上蒋乡			位长沙太守口州刺史宜孙[16]	类型七
17				台湾历史博物馆	长沙大守兖州刺史宜孙[17]	类型八
18	1995年	浙江上虞驿亭镇五夫村出土	西晋太熙元年	上虞博物馆	太熙元年，余字没介绍[18]	
19			西晋太康十年	湘湖吴越古文化博物馆	“太康十年十二月立”等32字铭文[19]	

注：表格空白处未能查到确切信息。

从龟趺碑上所刻生产时间和地点来看，此类堆塑罐主要生产于吴晋时期，产地应该在以上虞为中心的宁绍平原一带。铭文中多次出现“出始宁”一词，其中始宁指始宁县，汉晋时期属会稽郡。《后汉书·郡国志》载：“上虞，汉末分南乡立始宁县。”北魏郦道元《水经注》卷四十也写道：“浦阳江又东北迳始宁县西，本上虞之南乡也。汉顺帝永建四年（129年），阳羡周嘉上书，始分之。”隋开皇九年（589年）废始宁，并入会稽，始宁前后存在460年。

四　从龟趺碑看堆塑罐的文化内涵

1. 从龟趺碑形制来看

堆塑罐上堆塑的碑座到现在为止，除了龟趺座，没有发现其他碑座，这应该不是偶然的。龟的长寿我们众所周知，《庄子·秋水》云：“吾闻楚有神龟，死已三千岁矣。”足见龟之长寿。所以，以龟趺做碑座，其目的之一应该是取其“长生不老”之意。

同时，龟不仅是长寿的象征，而且还具有神异的力量。远在原始社会，龟就成为先民崇拜的动物神之一，他们认为，龟通神灵，知吉凶。《周易·系辞下传》上记载伏羲“仰则观象于天，俯则观法于地”，利用龟甲卜卦。很多神话传说也证明了先祖对龟的崇拜。如刘安《淮南子·卷五览冥训》中载：“往古之时，四极废，九州裂，天不兼覆，地不周载……于是女娲炼五色石以补苍天，断鳌足以立四极”，这里的“鳌”，即指海中的大龟。巨龟还曾帮助过大禹治理水患，东晋王嘉《拾遗记卷二》云：“禹尽力沟洫，导川夷岳，黄龙曳尾于前，玄龟负青泥于后。”诸如此类传说，无不证明龟的神奇力量。因此，堆塑罐上堆塑龟趺碑，除了寓意长生不老之外，应该还有借助龟的神异力量，与上界神灵沟通，趋福避祸，保佑墓主早日升天，并降福于后代子孙的意味。

堆塑罐龟趺碑的碑首从已出土物看基本上以圭首为主，这里面其实也蕴含着很深的用意。金其桢在《中国碑文化》一书中就曾提出，汉碑的尖首是模仿周代琬圭的形制而来的[20]。山东大学历史文化学院刘海宇教授也认为圭首碑的形制与上古时期作为祥瑞大量出现的圭密不可分[21]。

《说文解字》中称“剡上为圭”，指的是上部尖锐下端平直的片状玉器。玉圭是古代帝王和诸侯朝聘、祭祀、丧葬时所用的玉制礼器，为瑞信之物。

《周礼·春秋·大宗伯》载：“以玉作六器，以礼天地四方。以苍璧礼天……以青圭礼东方”，由此可见，圭作为一种祥瑞之物，是与神灵沟通的媒介。所以，在古代祭祀场合或很多墓葬中经常会出现圭这种礼器。《汉书·郊祀志上》描述祭祀的场景时写道：“黄犊羔各四，圭币各有数，皆生瘗埋，无俎豆之具。”《墨子·尚同》云：“其事鬼神也，圭璧币帛，不敢不中度量。”这些祭品就是用来事奉祖先通达神明的。的确，在古代，圭是沟通人间、天上、地下的祥瑞之器。宋代周密也曾在《癸辛杂识别集·升遐玉圭》写道：“国朝典故：凡人主升遐，玉带则取之霍山，玉圭则取之文宣王，向后復送还之。”由此可见，堆塑罐龟趺碑设计成圭首形，用意在于借助圭的祥瑞之气，帮助灵魂得道升仙，并佑护后代家业兴旺，长生不老，这也正与龟趺碑上的很多铭文相印证。

因为玉圭是古代重要的礼器，所以，后来还被广泛用作朝觐礼见标明等级身份的瑞玉。周代时候，天子为便于统治，给不同的臣工赏赐不同形状和大小的玉圭，往往权力越大，圭的尺寸也越大。

《史记》中记载："王执镇圭，尺二寸，公执恒圭，九寸，侯执信圭，七寸，伯执躬圭，五寸。"因此，堆塑罐龟趺碑设计成圭首形，还应该是为了彰显墓主的等级身份，这从出土堆塑罐墓葬大多数是大中型墓这一点也可以看出来[22]。因为圭象征着权力和地位，所以，龟趺碑上也经常刻有"宜子孙，作吏高，迁众无极"等铭文，以此祈望墓主后代能仕途顺畅，拥有非同凡响的权力和地位。

2. 从龟趺碑铭文来看

（1）龟趺碑铭文中的"位"和"再福"

在收集到的龟趺碑铭文中，有两则铭文在碑额部位写了"位"字，"位"字下面则以具体官职比如"长沙太守囗州刺史"来代替墓主。这种形制与我们现在做佛教或道教道场时供奉在案桌上的先人牌位相类似。

其实，中国从古至今，一直有为逝者制作牌位的习俗。商代时就出现了牌位，但那时候不叫牌位，叫"尸""主""木主"等。《礼记·坊记》云："子曰：'祭祀之有尸也，宗庙之有主也，示有事也。以此坊民，民犹忘其亲。'"《周礼·小宗伯》亦云："若大师，则帅有司而立军社，奉主车。"其中的"主"，是祖宗牌位的意思。《史记·周本纪》则载："九年，武王上祭于毕。东观兵，至于盟津。为文王木主，载以车，中军。武王自称太子发，言奉文王以伐，不敢自专。"《楚辞·天问 》也写道："武发杀殷，何所悒？载尸集战，何所急？"以上句中"木主"和"尸"也是牌位的意思。

虽然，古今对牌位的称法不一样，但其功用是差不多的，一般是作为逝者灵魂离开肉体之后的安魂之所。所以，堆塑罐上出现类似牌位的龟趺碑，特别是有些碑额刻有"位"字铭文，恰恰说明堆塑罐具有墓主灵魂安息之所的功能。正如蒋玄佁所说："按其雕饰，包括佛教道场，丧葬仪式，纪年性的碑阙，死后的粮仓，总的来说是死者灵魂的安息所。"[23]

1980年，江苏省何山出土了一个堆塑罐，其上有两块龟趺碑，刻有同样的铭文，碑额为"再福"两字，下面刻有"出始宁用此囗宜子孙作吏高迁众无极"的铭文。碑身上的利子孙铭文是比较常见的，但碑额刻有"再福"两字的情况至今为止，发现很少。

"再"，在古代的意思与现在是有差别的，古代一般很少解释成"又一次"。《说文解字》里，对"再"的解释是"一举而二也"，多解释做第二次，或两次。比如，《礼记·玉藻》里"酒肉之赐弗再拜"及《史记·平原君虞卿列传》"再战而烧夷陵"中的"再"都是第二次的意思。《盐铁论·本议》"女工再税"及苏洵《六国论》"击赵者再"中的"再"都是"两次"的意思。由此，我们大致可以断定，龟趺碑上的"再福"一词，意思有可能是"享受第二次福禄"，这应该是针对墓主来说的，是希望借助堆塑罐这一媒介，祈望墓主在天之灵能够享受与在世时一样的幸福生活。正是因为这种愿望，吴晋时期的堆塑罐堆塑内容更加繁复，墓主身前居住的豪华气派的庄园，满仓的粮食，成群的牛羊家禽，吹奏弹唱的乐人等，无不堆塑在空间狭小的堆塑罐上，是吴晋时期"事死如生"的厚葬风气的鲜明体现。"再福"二字，在一定程度上体现了吴晋时期人们的丧葬观念，也可以看成是堆塑罐内容越来越繁复的内在原因之一。

（2）龟趺碑铭文中的吉祥语

堆塑罐铭文中，见得最多的，还是吉祥语。有学者认为，这些吉祥语从当时商品经济发展的角度来讲，有一种广告的宣传作用[24]，该说法可备一解。

但笔者觉得，堆塑罐龟趺碑上的吉祥语，如

果不从制作者的角度去考虑，而从其本身的内涵来分析，最主要的还是道出了陪葬堆塑罐的终极功能——取“子孙繁衍六畜繁息之意，以妥死者之魂，而慰生者之望”[25]。这其实是古代社会人们鬼神观的鲜明体现。

由于时代和对自身认识的局限，古人认为鬼神有很大的权威，能够决定人们的命运，可以降祸、赐福子孙，所以他们十分崇敬鬼神，都排定一定日程虔诚祭祀。在《诗经·小雅·楚茨》里，就曾多次写到人们恭敬祭祀，以祈求祖先神灵降福的场景。“先祖是皇，神保是飨。孝孙有庆，报以介福，万寿无疆。”“卜尔百福，如几如式。既齐既稷，既匡既敕。永锡尔极，时万时亿。”这些诗句无不表明了原始先民希望通过自己虔诚的敬贡和祭拜获得祖先神灵降福于子孙后代的心理。

到了汉晋时代，处理好死人的丧葬能影响生人荣华富贵的观念更是深入人心。在当时的人们看来，丧葬越是隆重，陪葬越是丰富，越能让亡者在天之灵获得安定、富足，因而也更能荫福于后人。所以，厚葬风气盛极一时。而堆塑罐作为寄托着逝者和生者美好愿望的明器也应运而生。堆塑罐上豪华气派的庄园，盈仓的谷物，争食的飞鸟，围绕着庄园或跑或栖的鸡鸭羊狗等禽畜，奏乐杂耍的胡人，无不生动刻画出富庶舒适的庄园生活；而趺坐的佛像，散布其间的珍禽瑞兽和持节羽人等，无不渲染出一种灵异祥瑞的气氛。作为随葬品，堆塑罐集各种明器于一身，完美地寄托了墓主人及其家人为永保富贵安乐、家运兴旺的祈望。

五 结 语

龟趺碑作为吴晋时期堆塑罐上出现的一种非常特别的堆塑物，其形制和铭文对于揭示此类明器的某些信息，特别是其所蕴含的文化内涵具有十分重要的意义，也有助于解决该研究领域内的一些分歧和争论。本文尝试着从龟趺碑的角度，对堆塑罐这类明器做了粗浅的探讨，期待有识之士能做进一步研究，以便更好地揭开堆塑罐这种器物的神秘面纱。

注 释

[1] 中国硅酸盐学会：《中国陶瓷史》，文物出版社，1987年。

[2] 蒋明明：《浙江绍兴南池乡出土西晋越窑青瓷》，《东南文化》1991年第3、4期。

[3]《绍兴文物志》，中华书局，2006年，252～256页。

[4] 谢明良：《三国两晋时期越窑青瓷所见的佛像装饰》，《故宫学术季刊》1985年第三卷第一期。

[5] 谢明良：《三国两晋时期越窑青瓷所见的佛像装饰》，《故宫学术季刊》1985年第三卷第一期。

[6] 张志新：《江苏吴县狮子山四号西晋墓》，《考古》1983年第8期。

[7] 罗芹：《西晋青瓷精品——堆塑佛像铭文谷仓》，《中国文物报》2004年10月13日第6版。

[8] 大阪市立东洋陶瓷美术馆网站http://www.moco.or.jp/ch/products/product.php。

[9] 浙江省博物馆：《浙江纪年瓷》，文物出版社，2000年，图版32。

[10] 浙江省博物馆：《浙江纪年瓷》，文物出版社，2000年，图版43。

[11] 张志新：《江苏吴县狮子山西晋墓清理简报》，《文物资料丛刊》（3），文物出版社，1980年。

[12] 浙江省博物馆：《浙江纪年瓷》，文物出版社，2000年，图版47。

[13] 张志新：《江苏吴县狮子山西晋墓清理简报》，

《文物资料丛刊》（3），文物出版社，1980年。
［14］叶玉奇：《江苏省吴县何山出土晋代青瓷器》，《东南文化》1986年第2期。
［15］华国荣：《江苏南京市江宁县下坊村发现东吴青瓷器》，《考古》1998年第8期。
［16］仝涛：《长江中下游地区汉晋五联罐和魂瓶的考古学综合研究》，四川大学博士论文，2006年。
［17］仝涛：《长江中下游地区汉晋五联罐和魂瓶的考古学综合研究》，四川大学博士论文，2006年。
［18］浙江省博物馆：《浙江纪年瓷》，文物出版社，2000年，图版42。
［19］《西晋越窑青瓷堆塑谷仓罐》，《浙江文物》2010年第6期。
［20］金其桢：《中国碑文化》，重庆出版社，2002年，156～159页。
［21］刘海宇：《汉碑的形制与谶纬思想》，《齐鲁学刊》2011 年第2 期。
［22］仝涛：《长江中下游地区汉晋五联罐和魂瓶的考古学综合研究》，四川大学博士论文，2006年。文中对出土堆塑罐的墓葬规格做了非常详细的探讨分析。
［23］蒋玄佁、秦明之：《中国瓷器的发明》，艺苑真尝社，1956年。
［24］仝涛：《长江中下游地区汉晋五联罐和魂瓶的考古学综合研究》，四川大学博士论文，2006年。
［25］张拯亢：《绍兴出土古物调查记》，《文澜学报》1936年第三卷第二期。

（作者单位：慈溪市文物管理委员会办公室）

中国文物保护志愿者发展现状研究

江婷婷　胡思诗

1976年，浙江省宁波市鄞州区建立业余文保员队伍。这是我国首次借助社会力量开展文物保护工作。自此以后，以政府为主导、借助社会力量开展文物保护工作越来越受到重视，重庆市、浙江省、上海市、河南省、江西省等政府都要求各级文物部门开展文物保护志愿者、业余文保员等工作，如江西省文化厅强调："文物保护需加强群众性文物保护组织建设,建立健全基层文物保护员、文物保护志愿者队伍,从而最大限度发挥社会组织、行业协会和广大志愿者参与文物保护的积极性。"在此基础上，浙江省的海盐县、景宁县，上海市的徐汇区，河南省的济源市、新乡市，江苏的连云港都积极组建文物保护志愿者和业余文保员队伍。对文物保护志愿者或业余文保员的管理出现在部分当地文物保护管理条例等地方性法规之中。如2006年开始实施的《浙江省文物保护管理条例》第八条规定："一切机关、组织和个人都有依法保护文物的义务。鼓励公民、法人及其他组织参与文物保护工作。县（市、区）、乡镇人民政府、街道办事处应当对文物保护志愿者开展活动给予支持，县级以上人民政府文物行政部门应当对文物保护志愿者进行培训、指导。"2007年开始实施的《河北省实施〈中华人民共和国文物保护法〉办法》第六条规定："公民、法人和其他组织都有依法保护文物的义务，并有权检举、控告和制止盗窃、走私、破坏文物的行为。各级人民政府应当对文物保护志愿者开展文物保护的活动给予支持；文物行政主管部门应当对文物保护志愿者进行培训、指导。"各地也相应出台了文物保护志愿者或业余文保员的管理办法、考核办法等，如浙江省海盐县、湖州市、宁波市鄞州区、金华市、江苏省连云港市等。从各地的实践来看，文物保护志愿者（业余文保员）这一社会力量在宣传、文物巡查、文物征集、文物保护等多个方面发挥着越来越重要的作用，已经成为我国文物保护工作中不可或缺的重要力量。

一　文物保护志愿者的必要性

我国历史悠久，文化底蕴深厚，文化遗产丰富，文物保护任务十分繁重。从2007年至2012年的全国第三次文物普查数据来看，全国登记的不可移动文物就达77万处，新发现就有55万处，所占比例超过七成。而这仅仅是登记在册的不可移动文物，如果加上尚未登记和尚未发现的不可移动文物以及数量庞大、尚未进入博物馆等保护机构乃至未被发现的可移动文物，我国需要保护的文物数量将非常巨大，需要大量的人力、物力投入和资金支持。同时，由于我国幅员辽阔，加之长期的历史地理变迁，我国大量的文物都分布在农村、田野乃至深山，这无疑进一步加大了保护的难度，需要投入更多的人员。另一方面，从我国文物保护人员数量来看，目前全国已有90%以上的县（区）行政区设立了健全的文物管理机构（文物局、文管所、博物馆等），或指定有专人管理。然由于种种原因，基层力量仍然相对薄弱，专业人员数量与实际工作量不成正比。有的地方拥有各级不可移动文物近千处，但仅有三五名文管人员。有的地方文物工作仍作为文化馆的一项附属业务（配备一名兼职人员），这种现象在一些偏僻或经济发展缓慢的县（区）表现尤为突出。

我国数量庞大、分布分散的文物需要大量的文物保护人员，而实际情况是文保人员大量缺乏且短时间这一状态难以得到根本的改变，不少地方因为专业人员欠缺，文物被盗现象屡见不鲜，文物自然受损无人问津，严重制约了当地文物事业的发展。为了解决这一矛盾，许多地方开始发展文物保护志愿者（业余文保员）队伍，动用社会力量参与到文物保护工作中来，以弥补文保人员的不足，且取得了不错的成绩。以浙江省宁波市鄞州区业余文保员为例，在第三次全国文物普查工作中，在258名业余文保员的协助下，共查得不可移动文物3890处，其中被录入国家数据库1959处，各级政府发文公布的文物保护单位、点和名录共计862处,市级历史文化名村2处。其中的一位业余文保员在40年中，上交器物500余件，包括文物61件和珍贵文物12件。

总体而言，文物保护志愿者（业余文保员）已经成为解决我国文物保护人员严重缺乏与需要保护文物数量庞大这一矛盾的重要且必要的手段之一，并日益发挥着重要的作用。为了支持、推动并对这支队伍加以有效的管理，必须通过法律对文物保护志愿者加以界定，并对文物保护志愿者的职能、管理、保障、奖惩等作出指导性的法律说明，从而推动文物保护志愿者工作的向前发展。

二　文物保护志愿者的性质与定位

目前，我国对社会力量参与文物保护工作的人员主要有两种，其一是业余文保员，这以浙江地区为代表；其二是文物保护志愿者，这以上海、重庆、河南、江苏、北京等地为代表。

根据《现代汉语大词典》，“业余”的释义为：①工作时间之外的，本业之外，如业余补习学校；②非专业的，如业余作家，业余剧团。也就是说，“业余”强调的是个人在非工作时间内从事的活动，而非义务和志愿。虽然强调业余文保员的义务性质，但为了吸引更多的人参与到业余文保员队伍中来，保持这一队伍的稳定性，以便于更好地管理，部分地方或者向上级部门、当地财政争取经费，或者采取了以政府牵头，开发文化（文物）旅游资源项目、适当收取门票等费用（以文养文）、吸引当地经济效益好的企业进行文保赞助等多种手段，广泛寻求社会力量和社会资金的支持，给予业余文保员适当的生活补助等。山西五台山风景区人民政府，曾一度采取了“政府部门拿一点、朝山信徒捐一点、寺庙僧人出一点”的办法，不仅使文保员的待遇问题迎刃而解，也弥补了寺庙文物维护等经费开支的不足。在国外，墨西哥把文物保护工程同扶贫项目结合起来，吸收文物古迹所在地居民参加文物古遗保护工作，在保护文物古迹的同时，带动当地贫困人口脱贫致富。

而志愿者，联合国的定义是“不以利益、金钱、扬名为目的，而是为了近邻乃至世界进行贡献活动者”，指在不为任何物质报酬的情况下，能够主动承担社会责任而不关心报酬并奉献个人的时间及精神的人。而我国志愿者协会给“志愿者”的定义为“不为物质报酬，基于良知、信念和责任，志愿为社会和他人提供服务和帮助的人”，具体来说就是自愿参加相关团体组织，在自身条件许可的情况下，在不谋求任何物质、金钱及相关利益回报的前提下，合理运用社会现有的资源，志愿奉献个人可以奉献的东西，为帮助有一定需要的人士，开展力所能及的、切合实际的，具一定专业性、技能性、长期性服务活动的人。也就是说，志愿者更多地是强调“志愿”，其核心是奉献，是不求回报地付出。从这个意义上来说，领取一定待遇的业余文保员不应当视作是文物保护志愿者，如浙江省海盐县的《业余文物保护员管理办法》则将业余文保员定义为“指受县文物行政管理部门聘任和指导，协助文物行政管理部门实施文物保护的人员”，而其中的第十四条进一步说明“各镇（街道办事处）可根据文保员的工作实绩，给予适当补贴”。而许多不领取补贴的业余文保员则实际上就是文物保护志愿者，如浙江省鄞州区2011年出台的《业余文物保护员管理办法》规定业余文物保护员是“指受我办聘任和指导，利用业余时间自愿协助文物部门实施文物保护和宣传的热心人士”。

2010年，中国文物保护基金会文物保护志愿者誓词：“我愿意成为一名文物保护的志愿者。我承诺：尽己所能，不计报酬，严谨尽责，团结协作。践行志愿精神，为中国文物保护与传承奉献力量！”而就我国实情来看，截至2012年我国注册志愿者总数超过3000万，且呈现快速增长趋势。随着社会经济的发展，志愿服务已经日益成为人们实现自我的一种精神追求，这为文物保护志愿者的发展提供了坚实的基础。而另一方面，如果为了满足我国文物全面保护的需要而大量招募社会力量且为其发放补贴，这不仅违背了志愿精神，也会为本来就捉襟见肘的文物保护资金带来沉重的负担。

因此，建议将业余文保员和文物保护志愿者加以明确的区分，即：业余文保员是在业余时间从事文物保护工作并领取一定报酬的人员，而文物保护志愿者是义务从事文物保护工作且不领取报酬的人员。

三　文物保护志愿者与博物馆志愿者

目前，我国与文物事业相关的志愿者主要有两个，即文物保护志愿者和博物馆志愿者。这二者之间总体而言有着比较确定的区别，但也存在明显的交叉重叠之处，特别是对馆藏可移动文物的保护。

根据2007年修正的《中华人民共和国文物保护法》，下列文物受国家保护：①具有历史、艺术、科学价值的古文化遗址、古墓葬、古建筑、石窟寺和石刻、壁画。②与重大历史事件、革命运动或者著名人物有关的以及具有重要纪念意义、教育意义或者史料价值的近代现代重要史迹、实物、代表性建筑。③历史上各时代珍贵的艺术品、工艺美术品。④历史上各时代重要的文献资料以及具有历史、艺术、科学价值的手稿和图书资料等。⑤反映历史上各时代、各民族社会制度、社会生产、社会生活的代表性实物。同时，还基于文物的是否可移动性，将文物分为了不可移动文物和可移动文物，还单独对不可移动文物及其保护做了具体的说明。在实际工作中，文物保护志愿者参与不可移动文物以及尚未进入博物馆、图书馆等相关收藏研究机构的可移动文物保护工作还是明确的。而已经进入收藏研究机构并受到专业人员保护的可移动文物，文物保护志愿者是否应该参与其保护工作，如何参与保护，以及文物保护志愿者与博物馆志愿者之间的关系，这些都必须加以界定。

从国外情况来看，如大英博物馆会邀请一些专业志愿者从事文物材料整理、辅助研究等工作，对于一些比较资深的专家型志愿者，大英博物馆还会邀请其参与基于文物研究之上的展览策划等比较专业的工作，但是对于志愿者实质性参与馆藏文物的保护还是非常谨慎的。国内，宁波博物馆等一些博物馆邀请博物馆志愿者参与文物材料整理、数据库建设等辅助性工作，但不会让志愿者实质性地接触文物。而让志愿者参与馆藏文物的保护确实存在着比较大的障碍，比如库房的安全、文物的安全、损坏的责任认定及赔偿、志愿者文物保护的科学性等。对于博物馆等收藏机构而言，志愿者参与馆藏文物的保护存在极大的不确定性和不可控性，需要承担极大的风险。对收藏机构而言，目前对馆藏文物的保护已经配备了专业文物保护人员，一般情况下也不需要这类志愿者来参与其中。

基于此，对文物保护志愿者的工作对象——即其保护的文物——需要加以明确界定：文物保护志愿者所保护的文物是指不可移动文物以及尚未进入博物馆、图书馆等收藏机构的可移动文物。

四　文物保护志愿者的职能

经过多年的实践，我国的文物保护志愿者（业余文保员）的职能已经有了比较明确的界定，主要体现在以下几个方面。

1. 宣传普及

由于种种原因，时下有不少人对文化遗产的保护缺乏认识，对文物工作不关心、不支持，甚至有抵触情绪，影响到文保工作，尤其是基层文保工作的开展，常常使文物专职人员有势单力薄、凄凉无助之感。而文物保护志愿者来源于群众、扎根于群众，与当地群众有着千丝万缕的联系。借助这一优势，通过文物保护志愿者的积极宣传和言传身教，将文物保护的法律、法规、规章以及文物知识普及到广大人民群众中去，让群众了解文物相关知识并有意识地保护文物，影响、带动周围一批人，以点带线、以线促面，最终形成全社会重视文物保护、参与文物保护的自觉行动。

2. 安全巡查和保护

近年来，随着各地社会、经济发展的提速，建设单位动工不报告，发现文物不上缴，文物遭受人为破坏、建设性破坏等现象屡有发生。文物保护志愿者对自己看管的文物古迹知根知底，可以通过日常义务巡查和监督及时发现各种问题，将各种不安全因素消除于萌芽状态，并在发生险情时保护现场，第一时间通知文物部门。这是目前我国文物保护志愿者的主要工作职责之一。上海市徐汇区《文物保护志愿者招募公告》要求文物保护志愿者“坚持每月一次对指定联系的文物保护单位进行安全巡查，重点检查文物保护单位消防、环境安全。每月底填写《徐汇区文物保护志愿者月度巡查记录表》，并将巡查情况及时报送（邮件或传真等形式）区文物管理部门”。

3. 信息收集与上报

文物保护志愿者是文物信息的收集者和联络者。由于都是当地人，熟悉当地历史、风土人情、文物古迹，所以文物保护志愿者清楚本地区哪里新发现了有价值的东西，哪里有文物出土，哪里有文物违法行为，往往能及时、准确地上报各种文物保护信息，有效弥补文物部门人手紧张、管理存在盲点的不足，堪称不可多得的信息员。

在信息收集方面，文物保护志愿者主要有两方面的工作：一是广泛搜集未见记载、口口相传的文物资料，以及名人故居、近现代工业文化遗产、老字号、老作坊等相关信息，丰富地方人文历史的厚度，完善文物原始资料的收集整理，扩大文保单位的容量和内涵。二是收集、提供文物信息，对发现的文物遗迹以及群众收藏文物等相关信息及时上报，对盗窃、盗掘、非法经营、走私等违法行为及时上报并协助相关部门做好查处工作。如河南济源市《关于招募文物保护志愿者的公告》要求志愿者“参与文物研究、考古调查，搜集提供田野文物信息”；上海市徐汇区《文物保护志愿者招募公告》要求文物保护志愿者“关心、收集徐汇区各级文物保护单位、特别是志愿服务的文物保护单位的历史文化史料，并向区文物管理部门提供具有一定价值的人文建筑史料，或提出文物保护工作的意见或建议”。

五　文物保护志愿者的组织管理

文物保护志愿者的组织管理主要涉及两个方面，一是业务管理，一是人事管理。

业务管理主要是对文物保护志愿者的工作范围、工作职责、工作流程等相关内容进行制度化、规范化管理，让文物保护志愿者能够明确其工作范围和职责，并按照规范的流程开展文物保护工作。同时，建立培训体系，对文物保护志愿者进行长期培训；出台考核奖惩制度，定期对文物保护志愿者进行考核。

目前，各地出台的文物保护志愿者（业余文保员）的管理办法基本上都对文物保护志愿者的业务管理作了比较明确的规范。浙江丽水市、宁波市鄞州区要求与业余文保员签订责任书，责任书明确规定其保护的范围、内容以及业余文保员的相关职责。上海市徐汇区的文物保护志愿者需每月底填写《徐汇区文物保护志愿者月度巡查记录表》，并将巡查情况及时报送（邮件或传真等形式）区文物管理部门。浙江省海盐县要求业余文物保护员定期巡查辖区内文物点的保护情况，并及时记载《海盐县业余文物保护员工作手册》。这些都有效地保证了文物保护志愿者工作的开展。

在明确工作的基础上，各地还强调文物保护志愿者的考核，制订考核办法。浙江省海盐县制订了《海盐县业余文物保护员考核办法》，明确考核范围，规范考核流程，并对考核内容进行量化。宁波市鄞州区的《业务文保员管理办法》对考核内容以及相对应的奖励惩罚措施作了详细的规定。这些都为文物保护志愿者工作的开展提供了制度保障和动力支持。

不同于正式文物管理人员，文物保护志愿者

必须接受一定的文物专业知识培训，提高其文物及法律知识水平，以便更好地履行职责。可以说，长期、不间断的培训是发挥文物保护志愿者作用的保障。从实际情况来看，各地也通过多种方式开展培训工作，提升文物保护志愿者的工作能力。如定期或不定期地举办各种形式的文物培训，聘请文物专家到当地授课；如定期向文保员发放文物宣传材料；如通过外出考察加强区域交流，学习先进管理经验等。但是，文物保护志愿者的培训也存在一些问题，主要表现在：流于形式，走过场，不注重培训的实际效果；浮于表面，不根据文物保护志愿者的实际情况，部分培训过于专业化而导致文物保护志愿者听不懂、看不懂；培训福利化，有些地方将外出考察等培训作为文物保护志愿者的福利而违背了培训的初衷，达不到培训的实际效果；未形成长期化制度，部分地方未形成长期化、制度化的文物保护志愿者培训体系，导致培训时断时续，达不到应有的效果。因此，建立并强化长期化、制度化的文物保护志愿者培训体系，才能通过不断的充电式培训，强化文物保护志愿者的使命感、责任感，从而实现文物保护志愿者职能的最大化。

人事是文物保护志愿者管理中另一个重要内容之一。文物保护志愿者的人事管理首先是招募。目前，国内文物保护志愿者招募主要是两个途径：一是公开招募，各文物主管部门通过报纸、网站、电视等媒体公开向社会招募文物保护志愿者。二是个体招募，例如：通过文物保护志愿者的推荐，在需要开展文物保护工作的地区通过文物主管部门的动员，在群众已主动参与文物保护工作的基础上积极吸纳等。这两个途径有着各自的优势：公开招募有利于在扩大文物保护宣传的基础上在社会范围内招募志愿者，扩大文物保护志愿者的社会基础和社会影响力；个体招募则是针对特别人员的招募，这些人员本身已经有了比较强烈的文物保护意识和义务奉献精神，有利于文物保护工作的开展和文物保护志愿者的长期稳定。因此应当将两者结合起来，定期公开招募文物保护志愿者，通过宣传让全社会参与到文物保护工作中来。而对于积极参与文物保护的人员，应当主动将其吸纳到文物保护志愿者队伍中来。文物保护志愿者的招募条件目前主要分为三大方面。首先，是基础条件，主要是年龄和身体状况，从文物保护志愿者招募公告来看，各地都要求身体健康，能够胜任文物保护工作，有些地方甚至规定了具体的年龄段，如上海徐汇区要求年龄一般在十八周岁至六十五周岁，宁波鄞州区要求“年满十八周岁至七十五周岁之间有民事行为能力，具有一定的文化程度并且身体健康”；其次是志愿精神，要求热心且愿意义务从事文物保护事业，如上海徐汇区要求“思想进步，热爱文物保护事业,品行端正，自愿义务为公众服务，具有大局意识和奉献精神”；最后是能力条件，要求必须具备必要的文化程度和文物知识，如“熟悉当地历史、风土人情、文物古迹，具备一定的文物保护实际能力和业务知识”等。

日常管理是维持文物保护志愿者日常运行、发挥文物保护志愿者积极性的一项长期工程，也是我国文物保护工作的重要保障之一。只有持之以恒地对文物保护志愿者队伍加以维护和管理，才能保证文物保护志愿者的纯洁性、可靠性，才能真正体现文物保护志愿者队伍的作用。浙江省对每一位业余文保员统一颁发《浙江省业余文物保护员证》，业余文物保护员在行使有关职权时，必须出示《浙江省业余文物保护员证》，并依法接受当地政府和文物行政管理部门的监督。这样就有效地加强了对文物保护志愿者的管理。

有进便有出，退出机制也是文物保护志愿者队伍建设的重要一环，它有效地保障了文物保护志愿者队伍的活力。从目前情况来看，一方面是文物保护志愿者有放弃或者脱离的权利，如宁波市鄞州区的《业务文保员管理办法》规定的业务文保员的权利之一就是“放弃或脱离文保员的自由”；另一方面，主管部门也有权根据文物保护志愿者的行为取消其资格，如《海盐县业余文物保护员考核办法》对取消文物保护志愿者资格的各项行为有比较详细的规定。

六　文物保护志愿者的保障

保障是目前文物保护志愿者工作的难点之一，存在着比较大的争议，而争议的重点是是否应该给以文物保护志愿者一定的待遇，或者是在保持文物保护志愿者志愿性质的前提下保障文物保护志愿者的权利以调动其积极性。从文物保护志愿者的性质来看，保持志愿性质——即不发放待遇——是文物保护志愿者的必要属性之一。在这一前提下，给予文物保护志愿者哪些保障以及如何给予保障是目前文物保护志愿者工作必须要理清和解决的问题。

1. 制度保障

虽然国内部分地区制定了管理办法等相关制度，对文物保护志愿者的权利、义务、招募、退出、培训等多个方面进行了规范，但从全国的范围来看，文物保护志愿者的制度建设还相对比较欠缺，文物保护志愿者的工作缺乏有效的制度保障，这严重制约了文物保护志愿者事业的发展。

2. 安全保障

由于我国文物分布广泛，大量的遗存遗迹都分布在田野乃至深山、沙漠。这些文物亟须文物保护志愿者的日常巡查和维护，但由于地理环境的原因，文物保护志愿者在日常工作过程中也不得不面临许多不安全因素，存在着威胁人身安全的危险。同时，一般文物保护志愿者都有举报、制止盗窃、盗掘、非法经营、走私、破坏文物等违法行为的义务。在行使这一职权的同时，文物保护志愿者的人身安全往往会面临极大的危险。不解决这一问题，文物保护志愿者的安全就得不到有效的保障，不仅容易挫伤大众参与文物保护工作的积极性，也不利于文物保护志愿者队伍对的稳定、扩大以及该事业的科学健康发展。但是，从具体实施情况来看，各个开展文物保护志愿者工作的地区基本没有涉及，甚至回避了文物保护志愿者的安全保障问题。究其原因，其一是界定问题，由于文物保护志愿者是在业余时间从事文物保护工作且工作区域分布广泛，其所受的伤害是否是由于从事文物保护而导致的，这界定起来比较困难；其二是资金问题，许多地方缺乏相应的资金保障，有心无力。针对这一情况，建议一方面通过表彰、奖励等方式给予精神奖励以调动文物保护志愿者的积极性，另一方面通过商业保险等渠道解除文物保护志愿者的后顾之忧，有条件的地方也可以通过政府补助的方式给予因文物保护工作而受到伤害的志愿者一定的补助。

（作者单位：宁波博物馆）

试论宁波传统宅第之“门”的建筑形制与蕴涵的文化特性

傅亦民

门，简单地说就是建筑的出入口。老子《道德经》：“凿户牖以为室。当其无用，故有之以为利，无之以为用。”可见自建筑诞生之日起，门就始终是建筑不可分割的一部分。

“门”作为一种供出入的屏障，是内外空间分隔的标志，是与人的生活息息相关的建筑物。《释名·释宫室》曰：“门，扪也，为扪幕障卫也。户，护也，所以谨户闭塞也。”指出门户的安全与保卫功能，而且，门还可以界定内外，作为内外空间的连接点，或是空间序列之间各个层次的连接点。《玉篇》称“人之所出入也”为门，而《广雅》则说：“门，守也。”二者也道出了门有供人“出入”和“守”的基本作用。概括来说“门”在建筑上的主要功能是围护、分隔、防御、营造私密空间和交通疏散的作用。“门”是一个极为普通却又不简单的建筑语汇。其普通是在于从古至今“门”都是营造建筑的基本构件之一；其不简单则表现为门本身是实用性极强的功能构件，但在发展过程中获得了精神价值。从开始依附于建筑，到伴随“院”的出现发展成为一种独立的建筑形制，进而完全脱离建筑，成为界定空间区域的标志物，如界定院内和院外的为大门，界定里院和外院的有二门，还有后门，旁门，侧门等，而且伴随着社会的发展，有了私有制和阶级分化，门的通行性及防卫、防盗等防御性基本功能降到了从属地位，而以彰显权力、地位、财富、文化等象征性功能趋于主导地位，门的标志意义被赋予了更丰富的涵义。

自宋至清，宁波名人辈出，官僚富绅麇集，他们或世居故土或辞官还乡，都先后营建了颇具地方特色的深宅大院，至今仍保留有许多明清时期官僚和富绅宅第。本文主要以宁波传统宅第大门为研究对象，对其建筑形制和蕴涵的文化特性作些粗浅的分析与探讨。

一　宁波传统宅第“门”的形制

宁波传统宅第长期以来以木构建筑体系为代表，整个体系以“间”为基本单位，构成“单体建筑”，而由“单体建筑”围合构成“院落”，大宅第再以“院落”为单位，依照一定的轴线关系、平衡分布原则和具体需要构成整个院落组群。此时“门”成了平面布局中极重要、极活跃的要素，特别是纵深构成的建筑群，门是变化封闭空间景色的一个转接点，每一道“门”都代表着一个以院落为中心的建筑的“组”的形成，或者说是前面的一个“组”的终结。这些建筑空间中的一道道门，在整个空间中起承转合，形成了空间的序列性、节奏性和时间性。礼制社会，建筑设为礼之大器，常用来表示居住者的身份、地位，最显眼的标志莫过于大门，严格的封建礼制和等级观念，导致大门往往昭示的是主人的阶级名分、社会地位，是家族的“门第”标志，这便造成了门的形制的定性化和多样化。

宁波传统宅第大门按其构成形态总体上可分屋宇门、随墙门两大类型。

1. 屋宇门

屋宇门是宁波宅第大门较为常见的形式。所谓屋宇门，仅次于台门，属于较高规格的区域性大门[1]，其建筑形态为一座单独的房屋建筑，既是“门”又是“屋”，是与堂、楼、房并列的一种建筑类型，具有独立建筑的一切特征。刘致平在《中国建筑类型及结构》中对屋宇门有过表述：“门有深度。有二柱二架，或三架、四架等；也有在下厅房（或称门房）的中间或左偶开一间大门。”[2]由此，笔者将宁波宅第屋宇门分为两式：一是独立的单体建筑式，一般用于三合院；二是利用四合院倒座建筑中的一间作为进出的连房式。

（1）单体建筑式

宁波现存传统宅第独立的单体建筑式屋宇门有单开间、三开间等。这类门两侧大多与院墙相连，前后檐完全敞开，门扇安装在脊檩下。门扇上部为额枋，枋与柱相连。额枋上设门簪以悬置门匾。门下置门槛。因门的宽度较大，一般在门扇两侧安余塞板。

江北区慈城古镇的冯宅建于清乾隆年间，为明湖广布政使冯叔吉后裔所居。冯宅大门面宽一间，进深三柱三檩，中柱间置双扇板门加余塞板，檩枋间施牌科。二坡面硬山屋面，尖山顶式屋顶。前檐柱旁砌出八字封檐墙。八字墙勒脚作石质须弥座，雕饰狮子、牡丹、卷草、波浪纹等，墙面细清水砖嵌砌，枋子砖雕牡丹、麒麟、几何纹等，枋子上部砖雕牌科。须弥座、枋子等雕饰吉祥图案（图一）。海曙区月湖景区内的明嘉靖年间贵州布政使张渊故居大方岳第，大门单檐硬山顶，面宽三开间，进深三柱三檩。明间设双扇板门加余塞板，次间为门房。额枋按四门簪，上悬“大方岳第”匾。门下置石质门槛（图二）。

古镇慈城冯岳故居大门是宁波市域内仅有的较高规格的单体建筑式门。冯岳为明嘉靖年间进士，官至刑部尚书，六十岁辞官还乡，万历帝感其节操，钦赐彩绘大门一座[3]。大门五开间，进深五柱七檩，尖山式硬山屋顶，三段雌毛屋脊。明间大开间，中柱间设双扇大门，门框与抱框间设余塞板，额枋按四枚梅花形门簪，门枕石原为须弥座石

图一　冯宅大门

图二　大方岳第大门

狮一对，今新置抱鼓石。后金柱间开四扇屏门，屏门平时不开，出入先进大门，再绕过屏门，才能到达庭院。大门入口凹入部分做三个开间。次间前檐柱旁砌出八字墙，稍间做门房。明间桁、檩、枋、架等遍饰彩绘，檩枋间设牌科（图三）。大门前原有照壁和旗杆石，惜已毁。

图三　冯岳故居大门

（2）连房式

连房式屋宇门是一般富户仕宦们常用的一种门类，即当人在宅第以外面对倒座后墙时，倒座中间或靠右侧一间辟为进出门道，其余各间仍然作为房屋使用。这类门面广一间，大门设在脊檩之下，门扇的前后都保持有一个小空间，门两侧装余塞板，后檐柱间设屏门，也有不设屏门的，墙面、木作做工很讲究，类如北方四合院广亮大门做法[4]。檐柱旁常砌出八字墙，勒脚做石质须弥座，饰纹饰，墙面细清水砖嵌砌，枋子也作雕饰处理。梁架施纹饰，檩枋间大都置牌科。大门屋顶基本与倒座建筑屋顶相齐，不同于北方光亮大门高出于倒座房之上。

海曙区永寿街元戎第、余姚阳明街道武胜门路倪宅、余姚阳明街道阳明社区管家弄翰林房、江北区庄桥街道马径村张宅等宅第多在倒座明间辟为供进出的连房式屋宇门。元戎第系清嘉庆年间广东水师提督沈垣旧宅，大门辟在明间，进深三柱三檩，硬山屋顶，屋面与倒座房相齐。双扇门开于中柱间，门两侧加余塞板，门前置须弥座鼓面门枕石，石质门槛。檐柱旁原砌出八字墙，今被改动（图四）。

图四　元戎第大门

江北区慈城古镇民主路向宅、金家井巷明嘉靖进士钱照旧宅等宅第坐北朝南，大门处于倒座建筑的东南隅。向宅为士绅向恒升旧居，建于清乾隆年间。向恒升精于商道，又例授文林郎，候选州司马，其宅颇具规模。大门在倒座建筑东首，面宽一间，进深三柱五檩，带前廊，硬山屋顶，屋面与倒座房相连。双扇板门设在中柱间，门框与抱柱间设余塞板，后檐柱间原开有屏门。相传门额上原悬“进士第”“登科”两匾。前廊顶作船篷轩，梁架遍施纹饰。廊心墙细清水砖嵌砌，旁接八字封檐墙。八字墙须弥座勒脚，墙身细清水砖嵌砌，砖柱包角，柱底作马蹄磉，枋子素面，角饰耳瓶子（图五）。

图五　向宅大门

2. 随墙门

在中国古代，官府规定“非品官毋得起门屋”，所以一般的宅第大门只能建筑成随墙门。随墙门是在院墙上开门洞，在门洞上方或左右的墙上加装饰，上覆屋顶，追求一种“屋”的形式，顶部可比墙高或低，这种附设在院墙上的门称为随墙门[5]。它虽不及屋宇式大门隆重、威严，但更经济，还可以不受限制，自由发挥，其造型丰富多彩。随墙门是宁波传统宅第应用极广的一种区域性大门，而且形式也多种多样，总括起来大致可分三式：小门楼式、牌楼式、门洞式。

（1）小门楼式

小门楼指高于围墙的随墙门。宁波的小门楼

一般为起脊门楼。尽管这种门只是在围墙的某一部位，立两个比围墙更加厚实的石（砖）框，再在其上做一个瓦屋顶，并未真正起楼，但由于它独立于围墙，并高于围墙，人们仍惯于称它为“门楼”。如江北区慈城镇民权路的符卿第，其大门作小门楼式，石门框，双扇板门，门扇与围墙在同一轴线上。门额上施牌科，前后挑檐做船篷轩，二面坡屋面，尖顶式屋脊高出围墙（图六）。

图六　符卿第小门楼

（2）牌楼式

牌楼即在院墙上开门洞，安双扇板门，门头做成牌楼样式。宁波传统宅第牌楼式门在构造上特点是以石料做门框，不设跺头，门框随墙而与墙齐，门上做有屋顶。这种屋顶并不具有遮阳挡雨作用，纯粹是一种装饰，而且屋顶并不限于一个开间一座顶，有的为了扩大门面，在一个开间上有三座顶；门头大多模仿木结构形式，有柱有枋，檐下有椽，檐上有瓦，有时还有斗拱层，加上两旁的垂花柱，完全是木结构中垂花门的式样，只不过在这里全部构件都是砖瓦制作的。由于它们的大小、简繁有很大差别，门头与墙垣的衔接关系也有不同。所以，为便于区别，笔者参照《营造法原》第十三章所述：“凡门头上施数重砖砌之枋，或加牌科等装饰，上复以屋面者，称门楼或墙门……门楼及墙门名称之别，在两旁墙垣衔接之不同，其屋顶高出墙垣者称门楼，两旁墙垣高于屋顶者则称墙门。其做法完全相同。”[6]将牌楼式门分为墙门和门楼两种式样。

宁波地区所见墙门大多为三飞砖墙门和牌科墙门。三飞砖墙门在门洞上方贴墙面用细清水砖做出下枋、字碑、兜肚、上枋、定盘枋及垂柱等，定盘枋上直接砌三飞砖，逐皮挑出，其上架桁设椽，盖瓦筑顶，构成一幅完整的衣架锦式门罩（图七）。考究点的在枋、柱、兜肚上布些雕饰。牌科墙门构造大致同三飞砖墙门，只是在定盘枋上用牌科，枋端设挂落，有的在下枋上部还置栏杆，雕饰较为华丽。

门楼屋顶高出墙垣，形成一座下部贴着墙面上部完整的牌楼门，耸然兀立，颇有气势。门头造型也有三飞砖和牌科两种。三飞砖门楼皆为单开间，门头做法同墙门，装饰较为简单，屋面通常做硬山式。牌科门楼以一间一楼较为普遍，也有士绅人家为了光耀门庭，表现大门气势，做成一间三楼、二间三楼等以扩大门面形象，但门仍然开在明间。门头上凡梁、柱、枋、斗拱、雀替、檐下二层椽子等一

图七　三飞砖墙门

图八　牌科门楼

图九　混合式牌科门楼

应俱全，又在各个构件上都饰以雕刻装饰，纹样繁复，寓意含蓄深刻。屋面做成尖顶式硬山屋顶或尖顶式歇山屋顶，后者四角发戗，弧形上翘（图八）。

门楼因其上面高耸的楼顶而增加了大门的气势，因此，有些四合院的大门也采用这种形式，造就一种混合式门楼。这种大门开在倒座建筑明间后檐墙，门头做成牌楼式，有一间一楼和一间三楼等，屋顶高出后檐墙。考究点的还做出整幅门脸，砌出八字墙。门后倒座建筑明间作通畅的门道（图九）。

（3）门洞式

门洞是最简单的随墙门，即在墙上开个门洞，立石质门框，安装门扇，通常仅在雀替上作些雕饰。这类门素雅简洁，不够庄重，一般用于旁门、侧门，或开在建筑群内分隔院落的塞口墙上，但也有不少宅院采用门洞作为进出的大门（图一〇）。

二　宁波传统宅第“门”的文化特性

“宅以门户为冠带”，受礼制思想的影响，

图一〇　门洞

中国古代建筑从周代起便按建筑所有者的社会地位来规范其规模和形制，仅宅第的大门便可知道居住者的等级地位，故有“门户之别”。宁波宅第建筑“门”的营造，既恪守礼制等级，也受自然条件、人文环境和民俗文化的深刻影响，在空间形态与精神内蕴上表现出有别于其他地区的地域特色与文化特性。

1. 体现“谦和”“有礼”的儒学精神

宁波宅第建筑属典型的宗法观念下的“聚族而居”居住模式，儒家的“修身、齐家”的要旨和崇尚“礼仪”的精神渗透其间。组群和院落大门是最突出的外部形象，也是建筑物的脸面，那么这种儒学精神在门上必然会表现得更为显著，更加集中。

从宁波传统宅第来看，基本上没有特别显赫的门户、夸张的装饰、铺陈的排场，深巷幽径、大宅小户（门）是宁波宅第的基本品格。不论是达官贵胄、巨商大贾、宿学鸿儒，抑或暴利骤富之家，他们的门庭粗一看总是平庸的。清代道员，盐运使杨坊，名重一时，在宁波城里家宅连片接甍，然而它的大门却独辟于陋巷，门前车马局促，行人仅可擦肩交会；拥有宁波商业“半壁天下”的慈溪（今慈城镇）冯氏，其宅院“前新屋”“后新屋”等当称规制巨大，但是门户也并无高阶巨台、画角雕梁（即上文所述冯宅大门）。宁波的传统宅第的门户，从空间形态到外观铺装不过于追求门面的显赫，及氛围的过度渲染。这种谦和的居住姿态，正顺应了儒家的“谦谦君子”“彬彬有礼”的要求，也带有道家“大隐隐于市”的精神。

宁波人特别喜好小青瓦、水磨青砖和素色的砖雕。关于这方面的典范之作，当推散落于城乡的牌楼式门。从表现形式上看，门头用水磨青砖本色雕琢装饰，不施丹青，道法自然，保留天然纹理和色泽，与二侧粉墙相映衬，自有一种“淡扫娥眉朝至尊”的韵味。“出孝入悌”“韫玉怀珠”“春风及第”“双桂留芳”等具有教化、鞭策意味的字碑题刻，以及大多以追求功名的“高中及第”“庆贺入朝”“文士聚会”、表达伦理情操的“岁寒三友”、颇具文人情趣的“博古”等为雕饰题材，充分体现了宁波民居生活崇尚文雅的特点和恪守礼法的儒家思想。而且许多门头内侧装饰比外侧做得富丽，不张扬露锋，完全是一种“独善其身”的自赏，是一种在对外界的谦和与自视不凡结合的心境指导下的杰作，表达出宁波人的居住姿态和审美理想，及士大夫“园日涉以成趣，门虽设而常关”的闭门自省心态。

2. 体现风水及民俗文化

在中国人的传统观念中，门处于非常重要的位置，特别是宅第大门，它不仅是住宅的重要组成部分，而且按照风水理论，它还是住宅的咽喉，是沟通建筑内外的气道。风水学认为，门上接天气，下接地气，关系到聚气和散气，门的方位关系到整个房屋布局的成败与主人的吉凶祸福。《相宅经纂》中提到：“宅之吉凶全在大门，……宅之受气于门，尤人之受气于口也，古大门名曰气口。”可见宅第大门设置的重要性。

宅第大门的位置选择主要涉及方位和环境，方位与朝向、纳气相关，而环境即是立地条件。

宁波宅第大门朝向一般均向南偏东15° 左右。在《易经》中的“后天八卦”方位中，东南隅是巽位，巽为生气方，它正好处在南方离卦位和东方震卦位之间，离卦代表火，震卦代表雷，是表示家兴业旺，红红火火的吉位。实际上按宁波的地理纬度，这个朝向是在冬天挡西北风，在夏天迎东南风的最佳方向。

宁波宅第建筑通常坐北朝南，四合院住宅大门大多开在倒座东南隅，曲径过二门再登堂入室。这种营造做法称“坎宅巽门”，为最理想的居住宅第[7]。风水中称坐北的住宅为“坎宅”。按照《八宅周书》的理论，坎宅三吉方分别是东面的震（天医方）、东南面的巽（生气方）、南面的离（延年方），其中又以东南（生气方）和南（延年方）为上吉，然而东南方为生气方，大门又是收气的，因此，大门开在倒座建筑东南隅是坐北朝南宅第的最佳方位[8]。当然，这也不是绝对的，宁波也有很多宅第大门开在南向的轴线上，但不论怎样，宅第的后墙正中不开门，以免南北直冲，避泄气之忌。实际上，东南隅开门有利于夏季东南风的吹入，增加了流线的转折，也保证了宅第内庭的私密性。

风水理论也渗透到修门造门的具体环节。宁波天一阁馆藏明刻本《鲁班营造正式》云：“新创屋宇开门之法……门须要屈曲，不宜太直……外大门千万不可被人家屋栋对射，则不祥之兆也。”所以，宁波一些宅第常常在门外门内设立影壁（照壁），以挡住冲煞之气，也借以隔阻外部视线，减少大风直灌。门与外部环境处理上不门对门、门对弄、门对屋脊，以回避相冲遭煞气。受条件限制，有的门前环境不甚理想时，则在门前或墙角当冲之地立“泰山石敢当”或“姜太公在此，百无禁忌”字碑镇煞，补救风水。造门用“门光尺”占卜吉凶、裁定门的尺度在民间广为流行。门光尺也称“门尺”或“鲁班尺”。《鲁班营造正式》曰：“鲁班尺乃有曲尺一尺四寸四分。其尺间有八寸，一寸准曲尺一寸八分，内有财、病、离、义、官、劫、害、吉也。凡人造门，用依尺法也。”也是说用门尺来裁定门的尺寸的关键是选寸，而寸有凶吉之别，病、离、劫、害四者为凶，财、义、官、吉四者为吉，门的高与宽，都要压在吉祥的数字之上，这样可以逢凶化吉，光宗耀祖。门尺的应用虽带有一定迷信色彩，但实际上对控制门的尺度，乃至整座建筑的比例尺度、形式风格、材料控制都起着一定的规范性的作用。

抛开迷信的部分，风水学关于宅第大门的环境选择与定点、定向等的主张，反映了实际生活的利弊，是经过实践证明行之有效的经验总结。用现代的科学眼光来审视风水理论，它蕴含有人与自然和谐的美学原理，有人类对环境科学的思维和认识，其间隐藏着传统文化与艺术的精华。

门也是传统思想、地方民俗文化的载体。宁波宅第并不刻意追求徒具其表的高门大院之势，以避免自宅成为过于突出于众人视线的焦点，而在宅第大门的尺度适宜、形式优美、做工精细等方面颇费心力。这种在经济上不显富与露财，政治上不招摇与张扬的隐逸生活心态，体现着传统思想的中庸之道。民间雕刻艺人通过在“门”这样的载体上选取不同题材的内容进行雕刻创作，赋予这些纹样不同的寓意，寄托希望，表达理想。宁波宅第门头上字碑刻写人生格言、理想愿望及其书法艺术与雕饰的吉祥图案和表达伦理情操、文人情趣等物件相互映衬，透着浓厚的书卷气息，表达出“诗书传家”的尚文崇雅人文特性；地方戏剧和戏台也成为雕刻题材，反映出宁波社戏、集会盛行的民俗风情。

在民俗文化中，趋吉避凶是人们最大的心愿。《阳宅十书》中说：“大门吉，则全家皆吉矣。”居者最关心出入平安，渴望神力逐鬼驱魔。逢过年过节，喜庆吉日，宁波民间普遍有敬门神、贴门联、挂菖蒲艾叶、放开（关）门炮等传统习俗。门神由驱鬼神灵（如钟馗）变为“戎装以伺”的武士（如秦琼、尉迟恭），又由“武门神”变成“祈福门神”（如福禄寿三星、和合二仙、财神等），说明在宁波门神崇拜风俗的流变过程中，敬神的氛围逐渐淡化，人们更加希望门神能够给宅第主人带来喜庆和吉祥，也反映出宁波商习文风的民俗特质；门联内容有颂赞“吉庆有余”“福禄寿喜”的，有鼓励家人读书进取、勤俭致富的，有宣扬处世哲学和伦理纲常的，也有赞美自然景观的；端午节门上挂菖蒲艾叶是宁波最具特色的风俗，人们将菖蒲艾叶挂在门楣，以避邪和驱蚊蝇秽气，也有“蒲剑斩千妖，艾旗招百福”的寓意；春节子夜前后放关、开门炮，宣示一年日子在喜悦中结束，希冀在新的一年里依旧保持着披星戴月、开门出工的勤劳习惯。

三 结 语

白居易《长恨歌》诗云：“姊妹弟兄皆列士，可怜光彩生门户”，一个家庭的“门”在诗人眼中成为家族兴衰的象征。民间流传至今的“门望”“门风”“门脸”，充分说明了“门”作为一个家庭的“脸面”，在人们的心目中是何等的重要。宅第大门通过其空间形态表达自身的特性、品质乃至美学意匠，传达隐含其中的文化内涵，并呈现出建筑的抬首印象，使人产生建筑审美以及文化感受体验，成为进一步感知宅院建筑精神文化内涵的良好的铺垫。宁波城乡不同形式、不同材质、不同时代的传统宅第的“门”，作为传统文化观念和民族心理的物化形式，在满目灰尘的背后，映射出的依然是中华民族传统建筑营造观念、价值观念、道德伦理、审美趣味和风俗观念的熠熠光辉。在现代文明的今天，我们很有必要去欣赏、研究传统宅第之“门”文化，展示其历史价值、艺术价值和民俗价值，更有责任将这些精美、宝贵的文化遗产妥善保护起来，传承下去。

注 释

[1] 覃力：《古建筑文化图说·说门》，山东画报出版社，2004年，44页。

[2] 刘致平：《中国建筑类型及结构》，中国建筑工业出版社，2000年，44页。

[3] 应根发、阎定国：《冯岳府第彩绘台门》，《古镇慈城合刊（上册）》，2011年，431页。

[4] 楼庆西：《千门万户》，生活·读书·新知三联书店，2006年，8页。

[5] 楼庆西：《中国建筑的门文化》，河南科学技术出版社，2001年，23页。

[6] 姚承祖著、张至刚增编、刘敦祯校阅：《营造法原》，中国建筑工业出版社，1986年，72页。

[7] 胡银玉、胡碧霞：《古建筑营造做法》，三晋出版社，2011年，10页。

[8] 刘沛林：《风水——中国人的环境观化》，上海三联书店，1995年，196页。

（作者单位：宁波市文物保护管理所）

加强历史街区生态环境治理力推城市健康发展研究
——以宁波外滩历史街区为例

黄定福

一　宁波外滩历史街区概况

宁波外滩历史街区位于三江口北侧，东临甬江、西南及北侧濒姚江，呈肩胛状的三角形区域，历史上称为宁波“北城外”。此地历史文化底蕴深厚，名人荟萃，古迹众多。她不仅保留有古朴典雅的传统建筑，而且以众多的近代优秀建筑构成了宁波名城风貌的一大特色。现存有市级历史文化保护区一处，国家级文保单位一处（天主教堂），省保单位一处（由四处近代建筑组成：浙海关大楼、英国领事馆、宁波邮政局旧址、谢宅），区级文保单位一处（巡捕房旧址），文保点几十处，是反映宁波近代文化的重要场所。

宁波外滩一带充满着西方列强侵略中国的历史见证和侵略及反侵略的历史记忆。当年，在外滩一带，领事馆、外商洋行、银行、报馆、教堂、巡捕房及石库门建筑云集，建筑风格呈现中西合璧的特征，生活方式混杂着东方的韵致和西方的浪漫，这里逐步成为一种新兴生活方式的集散地，形成了有别于传统中国社会的文化现象，是近代宁波港口城市的缩影。

二　宁波外滩街区历史文化内涵

说起上海外滩，几乎无人不晓，而宁波外滩却鲜为人知。其实，宁波外滩同上海外滩一样历史悠久，都浓缩了一段屈辱的近代史；而且建筑也相当精美，其近代优秀建筑主要分布在东门三江口一带。据《鄞县通志》记载：1842年鸦片战争后，清政府屈服于英国侵略者的武力，签订了丧权辱国的《南京条约》，次年又签订了《五日通商章程》。自此，宁波港作为第一批条约口岸，被迫向西方列强开放。根据有关条约规定："夷酋罗伯聃于道光二十三年10月28日乘坐大小火轮各一只，驶至宁波港……即于是日邀请在城文武，眼同开市……。"于是，1844年1月1日，宁波港正式开埠。随后，英法美等12国在江北岸外滩一带设了领事。

开埠之初，前来宁波贸易的国家有英、法、美、德、俄、西班牙、葡萄牙、瑞典、挪威、荷兰等国。按照当时的规定："五港开辟之后，其英商（包括其他外商）贸易之所，只准在五港口，不准赴他处港口，也不准华民在他处港口串通私相贸易。"因此，英国和西方各国在宁波建立据点，以便控制宁波港的对外贸易和经济命脉。1850年，他们在宁波江北岸一带强行圈划一大片土地，作为"外国人居留地和商埠区"，以后这里逐步变成西方列强控制宁波港的桥头堡。据英国领事馆存档的记载，按照侵略者最初的打算，他们想把镇海和鄞县东南乡一带纳入"租界"，范围"东至沿江两岸之地，南至城厢以外直至东钱湖，西至半浦、梁山伯庙，北至镇海口"。后来，由于宁波人民的坚决反对，这一阴谋没有得逞。但是，在江北岸外滩一带，他们获得了治外法权，建立了自己的政府、军警、法律，成为超越中国主权的"国中之国"和控制宁波港、进行经济侵略的基地。

宁波港处于南北洋中间，是京杭大运河南部的终端，又是对朝鲜、日本的海上通道。开埠之初，由于当时上海港尚未兴起，其作为贸易港口的特殊潜力，也尚未被大多数企图摆脱广州贸易制度的西方各国商人所注意，而杭州湾和长江口海滩较浅，于是具有悠久对外交易贸易史的宁波港便成为南北航运停泊和商品集散最具战略的地区之一。当时，宁波的商品经济远比上海发达，准资本主义的信用机构——钱庄信贷系统的发展已相当成熟。孙中山先生曾指出："宁波人素以经商闻名，且具坚强之魄力。""凡吾国各埠，莫不有甬人事业，即欧洲各国，亦多甬商足迹。"他又说："宁波开埠在广东之后，而风气之开通不在粤省之下。"宁波人不仅以经商闻名，而且宁波城市在西方各国商人的心目中，也始终是一个令人神往的获利源泉。有一个东印度公司的使者曾在日记中写道："宁波的幅员，不亚于福州；人口也不少于欧洲许多贸易大城市，其房屋建筑的整齐华丽，以及商业声誉的无与伦比，在中国可称首屈一指。"据《宁波近代史纲》载，宁波港开埠第一年，贸易额就达到了50万元。西方各国商人用尽心力想打入宁波市场，于是，他们和华商"在界内照章租地，建造屋宇栈房"。至20世纪初，江北岸外滩一带变成了五方杂处的洋场，不仅有大英领事馆、天主教堂、巡捕房等，而且洋行林立，开设有夜总会、妓院、饭庄、戏院和弹子房等，形成了别具特色的宁波外滩，地址在现外马路、中马路直至白沙路一带。

20世纪初，宁波工商业者经商致富后，在江北人民路与大庆路之间及外滩上纷纷建造住宅，其中就有一些宁波帮人士，如严信厚、严子均、朱葆三、谢恒昌、俞佐宸等。

1910年（清宣统二年）开始筑沪杭甬铁路，境内段西起马渚站，东至老宁波站（现大庆路即为原火车铁路线），1914年通车营业。抗日战争开始后，为阻止日军进攻，奉命拆毁。因此，宁波在近代史上一度成为浙东地区的交通枢纽，逐渐由一个封建城市转变为近代城市，成为浙东地区主要商业中心之一，宁波也逐渐形成了古城与商埠区南北布局的格局。外滩一带建筑风格呈现中西合璧的特征，生活方式混杂着东方的韵致和西方的浪漫，这里逐步成为一种新兴生活方式的集散地，形成了有别于传统中国社会的文化现象。

三　宁波外滩历史街区保护面临的主要环境问题

历史街区是在长期的历史进程中逐渐形成和发展起来的，历史的沧桑，点点滴滴的信息都是整体风貌的组成部分。外滩历史街区风貌特色并非一两条街道或几幢历史建筑所能表现出来的，而是一个整体性区域生态环境，包括了自然水系环境、整体性的空间结构和街巷格局以及建筑“族群整体”等。因此，原来外滩街区的保护范围有些狭小，应该尽快扩大历史街区的范围，并遵循整体性的保护思想，以完整地展现特定环境的风貌特色。

近代居住环境与现代生活方式的矛盾日益突出。近代居住环境是与特定的生产力条件和社会生活方式相适应的，与居民的现代化生活需求存在巨大矛盾，特别是基础设施（水、电、气等）和环境卫生设施（厕所、垃圾集运）等严重滞后，使居民的生活环境和生活水平受到严重影响，并由此而导致居民乱搭、乱建、乱架（电力、电讯线）、乱堆（垃圾）等自发行为，破坏了传统的空间环境特色。

近代建筑逐步老化损坏。中国近代建筑多是砖木结构，历经上百年的沧桑，许多房屋已破损不堪。此历史街区的建筑中，三分之一以上属于质量较差的建筑，五分之一属于危房，大部分建筑都已老化损坏并面临倒塌的危险，加之保护维修资金的严重缺乏，直接威胁着这些建筑的保存和延续，这些现象也使得外滩街区的生态环境、历史风貌保护更加刻不容缓。

四　力推城市健康发展，弘扬城市文化提升城市品位

近代建筑风貌正是宁波的文化资源优势，真正把这些需保护的文物作为文化资源充分利用起来，使其发挥应有的社会效益、经济效益。确立以近代文物建筑作为优势旅游资源来弘扬城市文化提升城市品位的发展战略，利用具有外滩中西文化相结合固有特色的资源，科学规划，重点建设，形成亮点、热点，总体可以概括为体现三个文化，并保护利用好这批建筑珍品。

1. 体现三个文化

（1）近代港口文化

三江口是进入宁波古城的门户，是中国最古老的港口之一宁波港的所在地。它位于中国海岸线的中段，唐开元二十六年（738年）正式开港，是宋代三大港口之一。鸦片战争后，宁波被辟为“五口通商”口岸之一，英法等国采用夺取主权、建立据点、霸占海关、控制港口、垄断航运、推行洋化的手段，把宁波港扭曲成半殖民地性质的港口。外滩是近代宁波港历史的见证，也是浙江省唯一现存的能反映港口文化的外滩。能够体现近代港口文化，时至新中国成立前留下的遗迹有：①领事馆、巡捕房、太古洋行、三北公司等。②从海关大楼（中马路166号）至英国领事馆（白沙路96号）沿甬江一带，有海关大楼、宁波邮政局、西餐厅、英商洋行、葆三房子、教会用房、江北堂、浙海关、英国领事馆及位于白沙的八三三七一部队内的教会学校建筑等。

（2）近代建筑文化

宁波外滩上遗存的大量19世纪末至20世纪初的建筑物反映了丰富多彩的西式和中西结合的建筑风

格，有古典希腊式、古罗马式、哥特式、文艺复兴时期的巴洛克式、中西合璧式和中国固有式，宁波外滩犹如一部活化的近现代建筑史。主要有：①银行、金融建筑，如1930年建的中国通商银行宁波分行是一座早期钢筋混凝土结构建筑，还有1934年建的浙东商业银行等。②领事馆等办事机构建筑，如1844年建的大英领事馆是一座英国式的西洋建筑，还有浙海关和1927年建的宁波邮政局为仿古罗马式结构建筑。③宗教建筑，有江北堂、天主教堂等。④文化教育类建筑，如1935年建的浙东中学，其大门及办公楼均保存完好。⑤医疗建筑，如1935年建的仁济医院手术室，为早期的钢筋砼建筑，共二楼，一楼为敞开式大厅，二楼为手术室，手术室屋面中间有采光面积较大的人字坡玻璃顶，非常有特色。⑥名人故居，1908年建的宁波“煤炭大王”谢恒昌宅、俞佐宸宅、严信厚、严了均宅、虞康茂宅等。⑦里弄住宅，宁波的里弄住宅受到上海里弄住宅的影响，许多是仿照上海石库门式里弄住宅的式样兴建，如“恒裕坊”，宅门都用石库门，门上饰有尖券形山花或规则的几何图形；还有颍川一带的石库门建筑群。

（3）“宁波帮”儒商文化和宁波近代工商业者的重要居住场所

宁波帮企业家群体的崛起是近代中国工商界一个引人注目的现象。浙东学派的一代宗师黄宗羲早就提出过“工商皆本”的思想，近代众多的宁波籍企业家顽强拼搏，艰苦创业，从中孕育了一批饮誉国内外的经济能人，形成了颇具影响的企业家群体——宁波帮，并由此赢得了“无宁不成市”的赞誉。宁波外滩上还遗存着大量的近代宁波帮知名人士的住宅，大多数为花园式洋房，建筑装饰中西合璧或以西式为主。主要有：①宁波帮祖鼻严信厚、严子均宅。②原和丰纱厂老板，新中国成立后曾任宁波市副市长的俞佐宸宅。③曾任上海总商会会长的朱葆三宅。④原煤炭大王谢恒昌宅。⑤新中国成立前中国汽车运输行业大亨钱齐云宅。⑤宁波动力机厂前身、顺记机器厂老板徐荣贵宅。

2. 保护利用好这批近代建筑珍品，力推城市健康发展，弘扬城市文化，提升城市品位

纵观宁波现存的近代优秀建筑，它们是近代宁波历史发展的实物见证，它们的形成是帝国主义列强侵略的产物，但作为建筑本身，又凝聚着多人的智慧，其所塑造的精美艺术，体现了中西文化的交融，无疑是名城文化中一份珍贵的遗产，然而随着市场经济的发展，大批近代建筑因其地处市区，条件优越，经济价值极高，因而引来大批投资者，面临被拆、改、建的劫难，部分已遭人为建设性破坏。在宁波外滩历史文化保护区内，沿街建门，破墙开店，甚至建造高层现代建筑，使优雅生态环境氛围、景观惨遭破坏，并有愈演愈烈之势。另外，年久失修、自然损坏也是不可忽视的因素。因此，如果再不引起全社会和上级有关部门的重视，不及时加强保护，采取措施，这批文化遗产将毁于一旦。如何保护这批建筑珍品，显然不仅是文物部门，而且是全社会面临的严肃而现实的课题。

近年来宁波市各级文物部门对保护近代优秀建筑做了大量工作。全市第三次文物普查工作正式启幕，普查重点之一即是在现有资料的基础上对宁波开埠（1844年）至1949年的近代优秀建筑再进行一次摸底调查。并加大保护力度，特别是坚持文物法制建设，尽快将市内现存的优秀近代建筑真正纳入文物法制的范围内，除公布为各级文保单位外，还应及时颁布《宁波市优秀近代建筑保护管理办办法》，这样从根本上将优秀近代建筑妥善地保护起来。被保护下来的近代优秀建筑应挂上标志说明牌，划出保护范围，建设控制地带，并做好“四有”档案，加上各宣传部门的大力配合，形成一种人人懂，人人重视保护近代优秀建筑的新局面。

街巷空间格局是历史地段的特色之一。应保护现有的街巷结构、走向、空间尺度、空间结点及路面铺装形式，并通过街巷空间的组织，加强水—街—传统建筑的有机联系，延续街巷空间的多样化功能特色。并应保护古井、古树名木等文物小品，以烘托环境景观和文化氛围。对于建筑内部的设施和空间结构根据现代的生活要求进行合理的更新和改造，以改善居住环境条件。

历史地段内大部分建筑应保持和恢复原有的用途。非临街的民居应继续保持其居住功能。但对于民居内居住拥挤、环境条件差、不适应现代生活等问题，可以采取搬迁部分居民，降低居住密度，对空间进行功能化改造，改善基础设施等措施，创造宜人的居住生态环境。

参考文献

张传保、陈训正、马瀛等修纂：《鄞县通志》，民国二十二年修，二十六年完成。

陈志华：《外国建筑史》，中国建筑工业出版社，2006年。

张复合：《中国近代建筑研究与保护》，清华大学出版社，2001年。

俞福海：《宁波市志》，中华书局，1995年。

部分照片来源于宁波市文物保护管理所：《最后的遗存——宁波市老城区文物与传统类建筑掠影》，2003年。

（作者单位：宁波市文物保护管理所）

浅谈浙东运河（余姚段）的保护与文化传承

沈娟娟

浙东运河始凿于春秋时期的山阴古水道，是京杭大运河向东的延伸，与海上丝绸之路相连，为大河文明找到了一个出海口，全长239千米。她以其深厚的历史文化内涵，常被人们誉为“古代文化长廊”“名胜博物馆”“民俗陈列室”等。作为浙东运河重要组成部分的余姚段运河，则为余姚留下了丰富的历史文化遗存，积淀了深厚悠久的文化底蕴。

一　大运河（余姚段）的概况

1. 地理位置

浙东运河上虞—余姚段，又称虞余运河，位于浙东运河中东段，起于绍兴上虞百官街道赵家村曹娥江边，止于宁波余姚斗门即虞余运河与姚江相交处。据余姚市第三次全国文物普查队2009年调查报告中，对虞余运河（余姚段）所处的地理位置作了这样的描述：“西段分南北两线自上虞汇入姚江，北线称虞姚运河，为两晋时期所开，包括湖塘江与马渚中河；南线为十八里河（明永乐九年）与姚江干流通明江。姚江东行至余姚城区分为候青、中舜、最良三支拱卫双城，最后于丈亭三江口分慈江和姚江出至宁波江北境内，全长86.8千米（不包括支流）。姚江分叉处又多有连接河道或支流，纵横交错，织成水网，水路总里程达180.2千米。”[1]

由此可见，余姚段运河以姚江为主体，姚江连接着运河，在浙东运河中起着重要的枢纽作用。

2. 遗产保护

余姚市于2008年12月启动了大运河(余姚段)的申遗工作，在调查研究的基础上编制完成了《大运河余姚段遗产调查报告》。根据国家文物局的确定，此次涉及遗产保护的大运河（余姚段）的两处河道，“即大运河上虞——余姚段（虞余运河）和大运河宁波段（慈江）段河道，涉及牟山、马渚、丈亭、三七市、河姆渡等11个乡镇，河道总长约24.2千米，同时包含3处遗产点：马渚横河水利航运设施（包括西横河闸、斗门老闸、斗门新闸）、丈亭老街、祝江大桥”[2]。虞余运河是联系曹娥江和姚江的重要河段，是利用当地的湖泊沼泽，经人工整理后形成的运河；慈江为避免姚江潮汐影响而建造的航道。目前，“该两段河道被国务院核定为全国重点文保单位”。

余姚段运河上遗产分布广泛，根据余姚市2009年第三次全国文物普查队对余姚段运河进行的野外调查数据显示：“初步可得知余姚段运河有不可移动文物264处，其中新发现216处，在此次调查的264处不可移动文物中，水利工程遗产大约有49处，以桥梁建筑为主，水闸次之。相对集中的区域为余姚城区、马渚镇和丈亭镇。如代表性运河水利水运工程设施：西横河升船机闸、斗门爱国增产水闸、斗门升船机闸、后岸南岸下坝、戴家船闸等。”这些闸、坝都是杭甬运河上重要的水利遗存，对航运、节制有着重要的作用，有的至今还是两岸水利灌溉至关重要的保障。如今，这些运河上的水利工程遗存被列入世界文化遗产的行列，使古老的运河焕发出新的生机。

二　大运河（余姚段）的文化底蕴

余姚段运河作为古代一个规模庞大的航运、水利工程体系，同时还是一条巨大的文化长廊，她包含了历史、科学、艺术等各方面的价值，形成独具一格的运河文化。

1. 城镇文化的兴起

余姚古城，因运河而发达，因运河而兴盛。余姚秦时置县，东汉立城，是拥有双城特色的古城，具有悠久的历史文化底蕴。首先，余姚城与运河休戚相关，相互影响。据光绪《余姚县志》记载：“姚江以通灌溉之利，其潮水所不及者，从事于湖，故近江之湖往往而废。”[3]姚江作为水利灌溉的母亲河，成为了浙东运河余姚段的主干流，使城市有了对外的通道，并使其不断发展壮大。至元明两代，伴随着城市发展与扩建，“开挖护城河，使运河分成三路，取得了对北、对南的水路联系，扩大了交通范围，而二水围之，一水穿城又造就了余姚独特的南北双城格局，同时运河也为余姚带来了各地的物资、技术和人员，也将余姚的物产输往各地，其中以越窑青瓷为代表”[4]。其次，大运河与城镇发展紧密结合，城镇因运河而生，也因运河而兴。如余姚的丈亭是慈江和姚江交汇口的一处重要的运口古镇，水运的便捷与对外的沟通促进了城镇经济的繁荣，蕴含着丰富的运河文化。南宋诗人陆游的《发丈亭》一诗曾描述丈亭当年旖旎的风光和繁华的场景：“姚江乘潮潮始生，长亭却趁落潮行。参差邻舫一时发，卧听满江柔橹声。”此后余姚的马渚、陆埠等地也依托运河水道，相市成镇，兴旺发达。可以说，余姚段运河的开凿与贯通，为余姚营造了得天独厚的自然、生态、生产和居住环境，为余姚的城镇发展提供了重要支撑。

2. 水文化的综合体现

大运河（余姚段）位于宁绍平原水网地区，大部分河道是利用自然河道改造而成，自古对灌溉农田、抗洪排涝、蓄水抗旱等发挥了重要作用，水文化价值突出。据有关资料介绍，“虞余运河，一直是宁绍平原的重要水运通道，它所流经的上虞东部及余姚西部，是姚江西部平原与丘陵山麓的交接处，形成了星罗棋布的湖泊分布群，如白马湖、汝仇湖、牟山湖等”[5]；而候青江与最良江既作为余姚老城的护城之河，又是沟通南北平原水网的重要通道。“这种自然江河与人工塘河并行结合、复线运行、因势取舍的设计、构筑理念与航运方式，正是余姚段运河的一个重要特征。”另外，余姚段运河也是一条重要的农田水利动脉。运河中一大批闸、堰、坝、斗的修凿和疏浚，巧妙地把天然河道、湖泊洼地串联起来，并带动了周边相关水利设施的兴建，解决了余姚北部地势相对较高的问题，如“虞余运河流经水网地区，湖地辽阔，水道迂回，历史上堰闸栉比，用以节制水资源，控制水位，限制用水区域，对御潮阻咸、排除洪涝、蓄引淡水等有着显著效果”[6]。

3. 青瓷的摇篮

余姚青瓷器，以其绚烂华丽的釉色和富于民族风格的图案装饰享誉海内外，其中以越窑青瓷最为出名，而余姚上林湖一带是越窑最最集中的地区之一。自唐宋以来，通过明州（宁波）港，远销朝鲜、日本及阿拉伯等国家和地区，在印度、伊朗、埃及和日本等国，上林湖的越窑青瓷，成为古代余姚对外贸易、文化交流的桥梁和信使。

但是古时候瓷器的长途陆路运输风险极大，所以大量的瓷器运输往往依靠水运，大运河的贯通就为瓷器的运输创造了有利条件。据《浙江余姚青瓷窑址调查报告》记载：“上林湖是一条长形的天然大湖，面积1 770 200平方米，四山环绕，湖水流经王家棣入海，水上交通十分便利。”[7]而上林湖的窑址多分布在运河边缘，“在总长约15千米的湖畔和山坡上多为窑址分布所在地，计20多处”[8]。由此可以推测，余姚成为了当时青瓷进贡及外销的生产地和中转地，大运河的贯通为瓷器的原料及产品的运输带来了极大的便利。

4. 思想学术、戏曲传播的通渠

大运河不仅哺育了经济和政治，也哺育了文化的产生与传播。首先浙东运河及沿线城乡，是我国重要的明清学术思想的传播通道。余姚是王阳明、黄宗羲的出生地，也是浙东文化与学术思想代表人物的主要活动空间。浙东文化的传承和传播，都是靠浙东运河这条古老的水道来实现的。因为在古时候，运河是余姚通往杭州、开封、长安等大城市的唯一一条水路。王阳明一生行迹广泛，他创立的阳明学派，“门徒遍天下，流传逾百年”，在中晚明思想界占据主导地位，并对日本、朝鲜等地也产生了广泛影响；朱舜水扬帆起航，东渡日本，成为日本宗师；黄宗羲武装抗清、四处讲学、著书立作，写成了著名的《名夷待访录》……可以说，运河里所涌流的智慧，也让余姚的文化精神，浸染着先贤的学术思想流向远方，使古老的运河成为了一条文化的大河，生生不息，流淌至今。

其次，余姚是江浙两地沿运河城镇地方戏曲的主要发祥地和传承地，姚剧是余姚的地方剧，“余姚滩潢”在江浙沪享有盛名。姚剧这类非物质文化遗产，其传播的广泛又与运河文明息息相关，她凝结了余姚人民的创造智慧，具有较高的历史、科学和艺术价值。

三　大运河（余姚段）保护和治理的问题与对策

随着时代的变迁，大运河的真实性和历史风貌正逐渐遭到破坏。河道的拓宽、水工建筑被拆除、古镇老街被破坏等，使运河面貌一直在不断地被改变，为大运河的保护与治理工作带来了一些亟待解决的问题。

1. 存在的问题

（1）自然环境破坏严重，生态功能退化

随着工业经济发展，运河两岸工厂规模扩大，由于缺乏排污设施，生产污废水、废气直接排入运河。同时，由于运河边上人们的生活起居形成的生活垃圾也丢弃至运河中，造成水面垃圾漂流，水生植物泛滥的污染情况。笔者据相关媒体报道发现："余姚斗门村到船闸道路两侧的草丛里有不少塑料袋等垃圾，而在船闸遗址靠岸边的地方，还堆放着不少垃圾，垃圾里面夹杂着水藻等水生植物。"又如余姚丈亭老街，"位于姚江与慈江的交汇处的丈亭三江口边的河道上水体浑浊，江面上零星地漂浮着一些绿藻和水葫芦"[9]，自然环境遭到破坏。

（2）历史演变复杂，水工设施逐步丧失原有功能

随着时代的变迁，运河中船闸、坝、堰等水利工程设施，曾经经历过复杂的历史演变过程，一些原来与运河关系密切的功能逐步消失。在宁波文化网上有对余姚段运河水利设施的记载："余姚马渚横河水利航运设施的斗门水闸原是运河上的重要设施，南宋嘉泰年间即有斗门老闸的记载。1952年，在原闸基础上建成斗门爱国增产水闸，两侧有拖船坝及厢式船闸。1983年马渚横河改造为杭甬运河甲线，河道截直，斗门老闸废弃，中河两端增建西横河、斗门升船机，1986年为配合东排工程，重建西横河水闸，新建斗门水闸，1993年后，该航道船运减少，两处升船机站停运。"[10]

由此可见，这些在当时发挥着运河水利重要功能的原水利设施，现在逐渐被弱化，并逐渐退出历史的舞台。

（3）经济价值衰退，航运功能减弱

浙东运河曾经拥有发达的航运，是南北物资运输的重要通道和长三角经济区的重要水道，但随着经济的发展，航运功能也逐渐退化。姚江是余姚的母亲河，历来是可以通江海联运的。可如今余姚到宁波这段的运河上船只寥寥，沿途只遇见少数运沙船和打鱼船在小范围内航行。有媒体报道了一则关于运河目前现状的新闻，一位航运企业工作人员自嘲地说："现在它最大的功能就是养水葫芦，很多来往的运沙船都是无证无照。"[11]又如十八里河新通明闸至云楼下坝，曾经作为杭甬运河主线，而如今成了以水利与自然风貌为主的河道，航运功能减弱。

（4）运河城镇、村庄及历史街区的历史风貌面临威胁

居住在大运河周边的居民，很多住房条件较差，缺少公共服务用地和生活配套设施，而且受到噪音、水体发臭等运河环境恶化的困扰，生活环境极差。有媒体称："丈亭历史保护街区那段的运河水位偏低，且常年受水灾侵袭，临江住房简陋破旧，老街河段江塘砌堤，就会破坏运口的原始面貌，但不筑堤，又会影响当地居民的生活，与老街保护与环境整治存在矛盾。"[12]

2. 余姚经验：治理加文化传承

近年来，余姚市在大运河保护和治理上展开了积极的行动，使运河遗产保护"与延续运河功能、城镇发展建设、历史文化展示、生态环境保护等方面相结合"[13]，使运河治理工作为运河沿岸的百姓生活质量带来切实有益的提升。

首先是航道整治。近年来，余姚市在航道整治中大力改善了水质和河岸环境，清理了垃圾、修建了公厕。余姚市最良江整治工程结合了杭甬运河改造工程，调整了运河原航线，将原来的穿越余姚古城的姚江运河主航道，改道到古城南侧的最良江，提高了余姚城区防洪排涝的能力，改善了通航条

件，提升了城市的文化品位。

其次是历史遗存保护修缮。运河遗产上的古桥基本上整体保存完整，有些仍在使用。如慈江上的祝江大桥是浙江省第一座钢结构拉索桥，具有一定历史价值加以保护；而位于余姚城区的通济桥、舜江楼等文化古迹，因杭甬运河改造时采用了运河改道的方法，使之得到了更好的保护；又如在运河（余姚段）河道各遗产点段开展了立碑标识和“四有”建档工作，使运河文物得到了有效管理。

第三，启动水环境综合整治。近年来，余姚市政府启动了运河水环境整治工程，取得了明显成效。在《余姚日报》上最近的一组相关数据也很好地证明了这一点：“2014年，余姚市计划投资1568.09万元，实施牟山镇水环境示范镇项目二期建设，整治河道长1738米，目前，已完成计划总投资的70%；计划投资1432.5万元，开展村级水环境建设，整治河长8923米；抓好‘断头河’畅通工程，计划打通8条断头河，其中6条已开工建设；并加快实施陆埠大溪、芝林村溪道等5条小流域治理工程等”[14]，由此可见，余姚市所做的这些努力，使得古老的运河继续发挥生态功能，真正体现了“还河以民”的理念。

四 几点建议

大运河是活态的线型文化遗产，如何保护大运河遗产、挖掘生动的运河文化，成为了后申遗时代思索的问题。

1. 以姚江为主体的中段运河遗存更值得保护与传承

在世界遗产申报的准则中，历史的真实性、风貌的完整性是一条重要原则。“由于大运河某些河道难以在短时间得到修复，国家文物局最后确定大运河申遗采用‘点段申报’的方式，我市东西两段河道被列入申报名单，由于中段的姚江是自然河道等原因，此次未被列入申遗名单中。”[15]但她是余姚段运河的重要组成部分，沿姚江两岸，至今保留了明显的古城传统模式和格局，沿途有武胜桥、通济桥、最良桥、季卫桥、舜江楼、龙泉山、皇山节制闸等，是各个历史时期重要的水工遗存和文化景观。临运河的历史建筑丰富，规模完整，包括府前路历史街区、明代大学士吕本官邸宰辅第与学宫，以及龙泉山以南古建筑群文昌阁、中天阁等，展现了运河城镇独特的水乡风貌，它们共同见证了余姚段运河的历史。所以，笔者认为，以姚江为主体的中段运河遗存是更值得保护与传承的。

2. 应利用数字化技术对大运河古遗存进行科学的保护、管理

大运河作为航运水道，一直由各地水运部门或交通部门分段管理，有专家认为：“这种体制的必然结果是，重经济效益而轻历史文化积淀，不能从整体上关注沿线的文化遗存。”[16]数字化技术有助于摸清余姚段运河的真实情况，如运河中每一项遗产都标上数字化标识，并纳入数字化运河管理系统，搭建起余姚段运河全线多角度、多分辨率、高精度的数字运河地理框架，并在此基础上将余姚段运河中的不可移动文物置于其中，这无疑是历史文化遗产研究、保护与利用的一个创新。

3. 加快提高运河城镇垃圾处理率，延续历史街区的整体格局

运河城镇、村落的发展与运河文明相依相承，有些运河两岸的村镇人家至今还保留着传统的运河生活。通过完善基础设施建设，提高配套服务设施质量，以提高运河历史街区内的居民生活水平，重点并优先建设排污工程，加高加固河道两旁的堤防，这样，一方面可以及时满足历史街区内居民的生活需求，提升生活质量，另一方面避免了依托运河直接排生活污水造成的污染以及运河防洪等安全隐患。

4. 加大宣传力度，打造运河旅游景观带

充分运用网络、媒体、节庆活动等各种宣传手段，如通过印发、派送《大运河文化遗产手册》来系统地、全面地普及宣传运河知识，鼓励公众参与大运河的保护；利用“文化遗产日”等宣传教育时机，在全市开展“保护大运河”为主题的大型宣传活动等。同时，大运河在历史上就一直存在游憩的功能，时有文人墨客沿运河游山玩水，一路留下许多经典诗篇。所以可沿运河两岸建设运河文化生态旅游区，开辟运河水上旅游线路，建立运河沿线游船依靠点、自行车租赁点，提高多种交通方式的换乘效果，以增加游客的游览体验。及时收集、整理和保护运河文献资料，在条件成熟的基础上，可建立“余姚段运河文化博物馆”，将资料进行展出，从而提高公众的参与程度，发挥出运河遗产在历史、文化、教育上的综合功能。

5. 发掘非物质文化遗产，加强运河文物日常养护

大运河孕育的非物质文化遗产，“通过申遗过程中对大运河文化路线的追寻，其已挖掘并有待开发拓的文化元素是任何一个单体的世界遗产所无法企及的”[17]。运河两岸的余姚人民正是利用延伸的曲艺、舞蹈、文学等艺术形式抒发了对大运河的理解，创造了世代传承的姚江民间艺术形式，承载着一代代余姚人民智慧的结晶。同时重点保护突显运河价值的水工设施及相关历史遗存，包括对闸坝、桥梁、古建筑、城墙、古遗址等的保护以及周边历史环境的维护，对于仍在使用中的遗产设施，如闸、桥梁等，应加强日常养护，以减少使用中的破坏。

大运河申遗成功是文化遗产保护的起点，而通过保护与整治，使余姚段大运河悠久的历史文化得以传承，功在当代，利在千秋，任重道远。它造就了余姚段运河今后之美，也必将成为宁波发展的一个广阔舞台。

注 释

[1] 叶凯、胡谨中：《揭开浙东运河余姚段的前世今生》，《余姚日报》2009年7月2日第4版。

[2] 参见余姚市人民政府办公室文件，余政办发〔2012〕29号，《余姚市人民政府办公室关于印发大运河（余姚段）遗产点段保护与整治工作实施方案的通知》，2012年3月。

[3] 周炳麟：《余姚县志》卷八《水利》，清光绪廿五年刻本，2页。

[4] 叶凯、胡谨中：《揭开浙东运河余姚段的前世今生》，《余姚日报》，2009年7月2日第4版。

[5] 叶树望：《历史时期虞余运河水资源的保护和利用》，《余姚文博》2013年第20期，44～49页。

[6] 叶树望：《历史时期虞余运河水资源的保护和利用》，《余姚文博》2013年第20期，44～49页。

[7] 金祖名：《浙江余姚青瓷窑址调查报告》，《姚江田野考古》，浙江古籍出版社，2008年，339、340页。

[8] 金祖名：《浙江余姚青瓷窑址调查报告》，《姚江田野考古》，浙江古籍出版社，2008年，339、340页。

[9] 姬联锋：《运河余姚段环境待改善》，《宁波日报》2014年6月24日第8版。

[10] 姬联锋：《运河余姚段环境待改善》，《宁波日报》2014年6月24日第8版。

[11] 姬联锋：《运河余姚段环境待改善》，《宁波日报》2014年6月24日第8版。

[12] 姬联锋：《运河余姚段环境待改善》，《宁波日

报》2014年6月24日第8版。

［13］方其军：《我市两段河道成为世界文化遗产》，《余姚日报》2014年6月23日第1版。

［14］陈亚洁：《倾情水利惠民生 打造防灾减灾升级版》，《余姚日报》2014年7月29日第10版。

［15］楼晓凌、叶凯：《大运河里流淌的余姚元素》，《余姚日报》2014年7月30日第9版。

［16］程竹：《“数字化大运河”浮出水面 有助于摸清家底》，《中国文化报》2009年11月3日第7版。

［17］楼晓凌、叶凯：《大运河里流淌的余姚元素》，《余姚日报》2014年7月30日第9版。

参考文献

刘扬、卫美华等：《大运河治理与文化传承之杭州方略》，《环境保护》2011年第15期。

中国城市规划设计院：《大运河（宁波段）遗产保护规划》，2010年。

邬向东：《宁波与大运河的故事》，《东南商报》2009年9月17日第B16版。

马志坚：《浙东运河上虞段概貌》，浙江文物网，浙江省第三次全国文物普查网络平台。

潘明月、王兴国：《为了浙东运河的明天》，《中国文化报》2014年3月20日第13版。

陈桥驿：《浙东运河史序》，《浙江教育学院学报》2009年第2期。

程鑫：《浙东运河让杭甬两地紧密相连》，《东南商报》2014年6月18日第8版。

王鹏：《家门口的世界文化遗产亟待保护》，《东南商报》2014年6月24日第A16版。

楼晓凌、叶凯：《大运河里流淌的余姚元素》，《余姚日报》2014年7月30日第9版。

程竹：《“数字化大运河”浮出水面 有助于摸清家底》，《中国文化报》2009年11月3日第7版。

陈亚洁：《倾情水利惠民生 打造防灾减灾升级版》，《余姚日报》2014年7月29日第10版。

叶凯、胡谨中：《揭开浙东运河余姚段的前世今生》，《余姚日报》2009年7月2日第4版。

《余姚境内大运河段被核定为全国重点文保单位》，《东方热线》2013年5月20日。

余姚市人民政府办公室文件，《余姚市人民政府办公室关于印发大运河（余姚段）遗产点段保护与整治工作实施方案的通知》，余政办发〔2012〕29号，2012年3月7日。

周炳麟：《余姚县志》，清光绪廿五年刻本，卷八，水利。

叶树望：《历史时期虞余运河水资源的保护和利用》，《余姚文博》2013年第20期。

金祖名：《浙江余姚青瓷窑址调查报告》，《姚江田野考古》，2008年。

姬联锋：《运河余姚段环境待改善》，《宁波日报》2014年6月24日第8版。

方其军：《我市两段河道成为世界文化遗产》，《余姚日报》2014年6月23日第1版。

（作者单位：余姚市文物保护管理所）